Natriumarm Kookboek voor Beginners
Gezond Genieten Zonder Zout

Anna de Jong

Samenvatting

Meng olijven en artisjokken 12

Kurkuma Pepers Dip 13

Linzen crème 14

Geroosterde Noten 15

Cranberry-vierkanten 16

Bloemkool repen 17

Kommen Amandelen en Zaden 18

Franse frietjes 19

Boerenkool dip 20

Bieten Chips 21

Courgette Saus 22

Mix van zaden en appel 23

Pompoen crème 24

Spinazie Crème 25

Olijven En Koriandersaus 26

Salsa van bieslook en rode biet 27

Komkommer saus 28

Kikkererwten Saus 29

olijf afdeling 30

Kokos Uien Dip 31

Pijnboompitten en kokossaus 32

Rucola En Komkommersaus 33

Kaas saus 34

Paprika-yoghurtsaus 35

Bloemkool Saus	36
Garnalen crème	37
Perzik saus	38
Wortelchips	39
Asperges stukjes	40
Kommen Gebakken Vijgen	41
Koolsalade en Garnalen	42
Avocado-partjes	43
Citroen saus	44
Zoete aardappeldip	45
Bonen Saus	46
Groene Bonen Saus	47
Wortelen crème	48
Tomatensaus	49
Kommen Zalm	50
Salsa van Tomaat en Maïs	51
Gebakken Champignons	52
Smeerbare Bonen	53
Koriander-venkelsaus	54
Spruitjes bijten	55
Balsamico notenhapjes	56
Radijs chips	57
Salade van Prei en Garnalen	58
Prei saus	59
Peper Slaw	60
Maïs Salsa	62
Bonenrepen	63

Pompoenpittenmix en appelchips	64
Tomaten en yoghurtsaus	65
Cayenne biet kommen	66
Kommen walnoten en pecannoten	67
Peterselie Zalm Muffins	68
Kommen Ui Pearl Cheesy	69
Broccolirepen	70
Salsa van ananas en tomaten	71
Mix van Kalkoen en Artisjokken	72
Oregano Türkiye Mix	73
Kip Met Sinaasappel	74
Knoflookkalkoen en Champignons	75
Kip en Olijven	76
Gemengde balsamico kalkoen en perziken	77
Kip met kokos en spinazie	78
Mix van kip en asperges	79
Romige Turkije en Broccoli	80
Sperziebonenmix met kip en dille	81
Chili Kip Courgette	82
Mix van avocado en kip	84
Türkiye en Bok Choy	85
Kip Met Rode Uienmix	86
Hete kalkoen en rijst	87
Kip met prei en citroen	89
Kalkoen Met Savooikool Mix	90
Kip Met Paprika Sjalotten	91
Kip Jus En Mosterd	92

Mix van kip en bleekselderij 93

Limoenkalkoen met krieltjes 94

Kip Met Mosterd 96

Gebakken kip en appels 97

Chipotle-kip 99

Gekruide kalkoen 101

Kip Gember Jus 103

Kip en Maïs 104

Curry Türkiye en Quinoa 105

Kalkoenpastinaak en komijn 106

Kikkererwten Kalkoen en Koriander 107

Kalkoen Met Bonen En Olijven 109

Kip quinoa en tomaat 110

Kippenvleugels met piment 111

Turkije broccoli en komijn 112

Kip Kruidnagel 113

Kip Met Gember Artisjokken 114

Mix van kalkoen en peperkorrels 115

Kippendijen en rozemarijngroenten 116

Kip met wortelen en kool 118

Broodje aubergine en kalkoen 119

Simpele tortilla's met kalkoen en courgette 121

Kip met paprika en aubergine pan 122

Balsamico Gebakken Kalkoen 123

Cheddar kaas kalkoenmix 124

Parmezaanse Turkije 125

Romige mix van kip en garnalen 126

Mix van kalkoen met basilicum en pittige asperges 127

Cashew Türkiye Medley 128

Turkije en bessen 129

Kipfilet met vijf kruiden 130

Kalkoen Met Gekruide Groenten 131

Kip En Chili Champignons 132

Chili Kip En Tomaten Artisjokken 133

Mix van kip en bieten 134

Kalkoen Met Selderiesalade 135

Mix van kippenpoten en druiven 136

Kalkoen en Citroengerst 137

Kalkoen met bieten en radijs mix 138

Knoflook varkensvlees mix 139

Paprikavarkensvlees Met Wortelen 140

Gembervarkensvlees en uien 141

Komijn varkensvlees 143

Varkensvlees en gemengde groenten 144

Tijm Varkensvlees Koekenpan 145

Kokos Selderij Varkensvlees 148

Salie Varkenskarbonades 150

Thais varkensvlees en aubergine 151

Varkensvlees sjalotjes en limoen 152

Balsamico Azijn Varkensvlees 153

Varkensvlees met pesto 154

Varkensvlees Met Paprika En Peterselie 155

Komijn lamsmix 156

Varkensvlees Met Radijs En Sperziebonen 157

Venkel Lam en Champignons 158

Koekenpan van varkensvlees en spinazie 159

Varkensvlees Met Avocado 160

Gemengd varkensvlees en appels 161

Kaneel Varkensribbetjes 162

Kokos Varkensribbetjes 163

Gemengd Varkensvlees Met Perziken 164

Lamsvlees en radijs met cacao 165

Varkensvlees Met Citroen En Artisjokken 166

Varkensvlees Met Koriandersaus 168

Varkensvlees Met Mango Mix 169

Rozemarijn Varkensvlees en Citroen Zoete Aardappelen 170

Varkensvlees Met Kikkererwten 171

Lamskoteletjes met boerenkool 172

Lamsvlees met Spaanse peper 173

Varkensvlees Met Paprika Prei 174

Varkensribbetjes en peultjes 175

Varkensvlees en Maïsmunt 176

Lam Dille 177

Varkensribbetjes en pimentolijven 178

Italiaanse Lamskoteletjes 179

Varkensvlees Rijst En Oregano 180

Varkensvlees Gehaktballen 181

Varkensvlees en Andijvie 182

Varkensvlees en bieslook Radijs 183

Mint Gehaktballetjes En Gesauteerde Spinazie 184

Gehaktballetjes en Kokossaus 186

Kurkuma Varkensvlees En Linzen 187
Gewokt lamsvlees 188
Varkensvlees Met Bieten 189
Lamsvlees en Kool 190
Lamsvlees Met Maïs En Okra 191
Dragon Varkens Mosterd 192
Varkensvlees Met Spruiten En Kappertjes 193
Varkensvlees Met Spruitjes 194
Mix van varkensvlees en pittige sperziebonen 195
Lamsvlees Met Quinoa 196
Lamsbrood en paksoi 197
Varkensvlees Met Okra En Olijven 198
Varkensvlees Gerst En Kappertjes 199
Gemengd Varkensvlees En Groene Uien 200
Varkensvlees Nootmuskaat en zwarte bonen 201
Zalm En Perzik Salade 202
Zalmkappertjes en dille 203
Zalm En Komkommer Salade 204
Tonijn en sjalot 205
Kabeljauwmix met munt 206
Kabeljauw en Tomaten 207
Tonijn Met Paprika 208
Oranje code 209
Basilicum Zalm 210
Kabeljauw en witte saus 211
Mix van heilbot en radijs 212
Amandelen Zalm Mix 213

Meng olijven en artisjokken

Bereidingstijd: 5 minuten
Tijd om te koeren: 0 minuten
Porties: 4

Ingrediënten:
- 10 ons ingeblikte artisjokharten, geen zout toegevoegd, uitgelekt en gehalveerd
- 1 kopje zwarte olijven, ontpit en in plakjes
- 1 eetlepel kappertjes, uitgelekt
- 1 kopje groene olijven, ontpit en in plakjes
- 1 eetlepel gehakte peterselie
- Zwarte peper naar smaak
- 2 eetlepels olijfolie
- 2 eetlepels rode wijnazijn
- 1 eetlepel gehakte bieslook

Indicaties:
1. Combineer de artisjokken met de olijven en de andere ingrediënten in een slakom, meng en serveer als bijgerecht.

Voeding: calorieën 138, vet 11, vezels 5.1, koolhydraten 10, eiwit 2.7

Kurkuma Pepers Dip

Bereidingstijd: 4 minuten
Bereidingstijd: 0 minuten
Porties: 4

Ingrediënten:
- 1 theelepel kurkumapoeder
- 1 kopje kokosroom
- 14 ons rode paprika's, geen zout toegevoegd, gehakt
- Sap van ½ citroen
- 1 eetlepel gehakte bieslook

Indicaties:
1. Combineer in je blender de paprika's met de kurkuma en de overige ingrediënten behalve de bieslook, klop goed, verdeel in kommen en serveer als tussendoortje met de bieslook erover gestrooid.

Voeding: calorieën 183, vet 14,9, vezels 3. koolhydraten 12,7, eiwit 3,4

Linzen crème

Bereidingstijd: 5 minuten
Bereidingstijd: 0 minuten
Porties: 4

Ingrediënten:
- 14 ons ingeblikte linzen, uitgelekt, geen zout toegevoegd, gespoeld
- Sap van 1 citroen
- 2 teentjes knoflook, fijngehakt
- 2 eetlepels olijfolie
- ½ kopje gehakte koriander

Indicaties:
1. Combineer de linzen met de olie en de andere ingrediënten in een blender, meng goed, verdeel in kommen en serveer als feestcrème.

Voeding: calorieën 416, vet 8,2, vezels 30,4, koolhydraten 60,4, eiwit 25,8

Geroosterde Noten

Bereidingstijd: 5 minuten
Bereidingstijd: 15 minuten
Porties: 8

Ingrediënten:
- ½ theelepel gerookt paprikapoeder
- ½ theelepel chilipoeder
- ½ theelepel knoflookpoeder
- 1 eetlepel avocado-olie
- Een snufje cayennepeper
- 14oz walnoten

Indicaties:
1. Spreid de noten uit op een met bakpapier beklede bakplaat, voeg de paprika en de overige ingrediënten toe, meng en bak 15 minuten op 410 graden.
2. Verdeel over kommen en serveer als tussendoortje.

Voeding: calorieën 311, vet 29,6, vezels 3,6, koolhydraten 5,3, eiwit 12

Cranberry-vierkanten

Voorbereidingstijd: 3 uur en 5 minuten

Bereidingstijd: 0 minuten
Porties: 4

Ingrediënten:
- 2 ons room van kokosnoot
- 2 eetlepels gerolde haver
- 2 eetlepels kokosnoot, geraspt
- 1 kopje veenbessen

Indicaties:
1. Combineer in een blender de havermout met de veenbessen en de overige ingrediënten, klop goed en verdeel over een vierkante pan.

Snijd ze in vierkanten en bewaar ze 3 uur in de koelkast voordat je ze serveert.

Voeding: calorieën 66, vet 4,4, vezels 1,8, koolhydraten 5,4, eiwit 0,8

Bloemkool repen

Bereidingstijd: 10 minuten
Bereidingstijd: 30 minuten
Porties: 8

Ingrediënten:
- 2 kopjes volkorenmeel
- 2 theelepels bakpoeder
- Een snufje zwarte peper
- 2 losgeklopte eieren
- 1 kopje amandelmelk
- 1 kopje bloemkoolroosjes, gehakt
- ½ kopje magere cheddarkaas, versnipperd

Indicaties:
1. Meng in een kom de bloem met de bloemkool en de andere ingrediënten en meng goed.
2. Verdeel over een bakplaat, plaats in de oven, bak 30 minuten op 400°C, snij in repen en serveer als tussendoortje.

Voeding: calorieën 430, vet 18,1, vezels 3,7, koolhydraten 54, eiwit 14,5

Kommen Amandelen en Zaden

Bereidingstijd: 5 minuten
Bereidingstijd: 10 minuten
Porties: 4

Ingrediënten:
- 2 kopjes amandelen
- ¼ kopje kokosnoot, versnipperd
- 1 mango, geschild en in blokjes
- 1 kopje zonnebloempitten
- Bak spray

Indicaties:
1. Verdeel de amandelen, kokosnoot, mango en zonnebloempitten op een bakplaat, vet in met kookspray, roer en bak 10 minuten op 400 graden.
2. Verdeel over kommen en serveer als tussendoortje.

Voeding: calorieën 411, vet 31,8, vezels 8,7, koolhydraten 25,8, eiwit 13,3

Franse frietjes

Bereidingstijd: 10 minuten
Bereidingstijd: 20 minuten
Porties: 4

Ingrediënten:
- 4 gouden aardappelen, geschild en in dunne plakjes gesneden
- 2 eetlepels olijfolie
- 1 eetlepel chilipoeder
- 1 theelepel zoete paprika
- 1 eetlepel gehakte bieslook

Indicaties:
1. Spreid de friet uit op een met bakpapier beklede bakplaat, voeg de olie en andere ingrediënten toe, meng, schuif in de oven en bak 20 minuten op 390 graden.
2. Verdeel over kommen en serveer.

Voeding: calorieën 118, vet 7,4, vezels 2,9, koolhydraten 13,4, eiwit 1,3

Boerenkool dip

Bereidingstijd: 10 minuten
Bereidingstijd: 20 minuten
Porties: 4

Ingrediënten:
- 1 bosje koolbladeren
- 1 kopje kokosroom
- 1 sjalot, fijngehakt
- 1 eetlepel olijfolie
- 1 theelepel chilipoeder
- Een snufje zwarte peper

Indicaties:
1. Verhit een pan met de olie op middelhoog vuur, voeg de sjalotten toe, roer en fruit 4 minuten.
2. Voeg de boerenkool en andere ingrediënten toe, breng aan de kook en kook op middelhoog vuur gedurende 16 minuten.
3. Mix met een staafmixer, verdeel over kommen en serveer als tussendoortje.

Voeding: calorieën 188, vet 17,9, vezels 2,1, koolhydraten 7,6, eiwit 2,5

Bieten Chips

Bereidingstijd: 10 minuten
Bereidingstijd: 35 minuten
Porties: 4

Ingrediënten:
- 2 bieten, geschild en in dunne plakjes gesneden
- 1 eetlepel avocado-olie
- 1 theelepel komijn, gemalen
- 1 theelepel venkelzaad, geplet
- 2 theelepels knoflook, gehakt

Indicaties:
1. Spreid de bietenchips uit op een met bakpapier beklede bakplaat, voeg de olie en de overige ingrediënten toe, meng, schuif in de oven en bak 35 minuten op 400 graden.
2. Verdeel over kommen en serveer als tussendoortje.

Voeding: calorieën 32, vet 0,7, vezels 1,4, koolhydraten 6,1, eiwit 1,1

Courgette Saus

Bereidingstijd: 5 minuten
Bereidingstijd: 10 minuten
Porties: 4

Ingrediënten:
- ½ kopje magere yoghurt
- 2 courgettes, in stukjes
- 1 eetlepel olijfolie
- 2 lente-uitjes, gesnipperd
- ¼ kopje natriumarme groentebouillon
- 2 teentjes knoflook, fijngehakt
- 1 eetlepel dille, gehakt
- Een snufje nootmuskaat, gemalen

Indicaties:
1. Verhit een pan met de olie op middelhoog vuur, voeg de uien en knoflook toe, roer en fruit 3 minuten.
2. Voeg de courgettes en de andere ingrediënten behalve de yoghurt toe, meng, kook nog 7 minuten en haal van het vuur.
3. Voeg de yoghurt toe, pureer met een staafmixer, verdeel in kommen en serveer.

Voeding: calorieën 76, vet 4.1, vezels 1.5, koolhydraten 7.2, eiwit 3.4

Mix van zaden en appel

Bereidingstijd: 10 minuten
Bereidingstijd: 20 minuten
Porties: 4

Ingrediënten:
- 2 eetlepels olijfolie
- 1 theelepel gerookt paprikapoeder
- 1 kopje zonnebloempitten
- 1 kopje chiazaad
- 2 appels, klokhuis verwijderd en in partjes gesneden
- ½ theelepel komijn, gemalen
- Een snufje cayennepeper

Indicaties:
1. Combineer in een kom de zaden met de appels en de andere ingrediënten, meng, spreid uit op een met bakpapier beklede bakplaat, plaats in de oven en bak op 350 graden gedurende 20 minuten.
2. Verdeel over kommen en serveer als tussendoortje.

Voeding: calorieën 222, vet 15,4, vezels 6,4, koolhydraten 21,1, eiwit 4

Pompoen crème

Bereidingstijd: 5 minuten
Bereidingstijd: 0 minuten
Porties: 4

Ingrediënten:
- 2 kopjes pompoenpulp
- ½ kopje pompoenpitten
- 1 eetlepel citroensap
- 1 eetlepel sesamzaadpasta
- 1 eetlepel olijfolie

Indicaties:
1. Combineer de pompoen met de zaden en de andere ingrediënten in een blender, meng goed, verdeel in kommen en serveer als feestcrème.

Voeding: calorieën 162, vet 12,7, vezels 2,3, koolhydraten 9,7, eiwit 5,5

Spinazie Crème

Bereidingstijd: 10 minuten
Bereidingstijd: 20 minuten
Porties: 4

Ingrediënten:
- 1 pond spinazie, gehakt
- 1 kopje kokosroom
- 1 kopje magere mozzarella, versnipperd
- Een snufje zwarte peper
- 1 eetlepel dille, gehakt

Indicaties:
1. Meng in een pan de spinazie met de room en de andere ingrediënten, meng goed, plaats in de oven en bak op 400 graden gedurende 20 minuten.
2. Verdeel over kommen en serveer.

Voeding: calorieën 186, vet 14,8, vezels 4,4, koolhydraten 8,4, eiwit 8,8

Olijven En Koriandersaus

Bereidingstijd: 5 minuten
Bereidingstijd: 0 minuten
Porties: 4

Ingrediënten:
- 1 rode ui, gesnipperd
- 1 kopje zwarte olijven, ontpit en gehalveerd
- 1 komkommer, in blokjes
- ¼ kopje koriander, gehakt
- Een snufje zwarte peper
- 2 eetlepels limoensap

Indicaties:
1. Meng in een kom de olijven met de komkommer en de rest van de ingrediënten, meng en serveer koud als tussendoortje.

Voeding: calorieën 64, vet 3,7, vezels 2,1, koolhydraten 8,4, eiwit 1,1

Salsa van bieslook en rode biet

Bereidingstijd: 5 minuten
Bereidingstijd: 25 minuten
Porties: 4

Ingrediënten:
- 2 eetlepels olijfolie
- 1 rode ui, gesnipperd
- 2 eetlepels gehakte bieslook
- Een snufje zwarte peper
- 1 rode biet, geschild en in stukjes gesneden
- 8 ons magere roomkaas
- 1 kopje kokosroom

Indicaties:
1. Verhit een pan met de olie op middelhoog vuur, voeg de ui toe en fruit 5 minuten.
2. Voeg de rest van de ingrediënten toe en kook nog 20 minuten, onder regelmatig roeren.
3. Doe het mengsel in de blender, meng goed, verdeel in kommen en serveer.

Voeding: calorieën 418, vet 41,2, vezels 2,5, koolhydraten 10, eiwit 6,4

Komkommer saus

Bereidingstijd: 5 minuten
Bereidingstijd: 0 minuten
Porties: 4

Ingrediënten:
- 1 pond in blokjes gesneden komkommers
- 1 avocado, geschild, ontpit en in blokjes gesneden
- 1 eetlepel kappertjes, uitgelekt
- 1 eetlepel gehakte bieslook
- 1 kleine rode ui, in blokjes gesneden
- 1 eetlepel olijfolie
- 1 eetlepel balsamicoazijn

Indicaties:
1. Combineer de komkommers met de avocado en de andere ingrediënten in een kom, meng, verdeel in kommen en serveer.

Voeding: calorieën 132, vet 4,4, vezels 4, koolhydraten 11,6, eiwit 4,5

Kikkererwten Saus

Bereidingstijd: 5 minuten
Bereidingstijd: 0 minuten
Porties: 4

Ingrediënten:
- 1 eetlepel olijfolie
- 1 eetlepel citroensap
- 1 eetlepel sesamzaadpasta
- 2 eetlepels gehakte bieslook
- 2 lente-uitjes, gesnipperd
- 2 kopjes kikkererwten uit blik, zonder zout toegevoegd, uitgelekt en afgespoeld

Indicaties:
1. Combineer in je blender de kikkererwten met de olie en de resterende ingrediënten behalve de bieslook, klop goed, verdeel in kommen, strooi de bieslook erover en serveer.

Voeding: calorieën 280, vet 13,3, vezels 5,5, koolhydraten 14,8, eiwit 6,2

olijf afdeling

Bereidingstijd: 4 minuten
Bereidingstijd: 0 minuten
Porties: 4

Ingrediënten:
- 2 kopjes zwarte olijven, ontpit en gehakt
- 1 kopje munt, gehakt
- 2 eetlepels avocado-olie
- ½ kopje kokosroom
- ¼ kopje limoensap
- Een snufje zwarte peper

Indicaties:
1. Combineer de olijven met de munt en andere ingrediënten in je blender, meng goed, verdeel in kommen en serveer.

Voeding: calorieën 287, vet 13,3, vezels 4,7, koolhydraten 17,4, eiwit 2,4

Kokos Uien Dip

Bereidingstijd: 5 minuten
Bereidingstijd: 0 minuten
Porties: 4

Ingrediënten:
- 4 lente-uitjes, gehakt
- 1 sjalot, fijngehakt
- 1 eetlepel limoensap
- Een snufje zwarte peper
- 2 ons magere mozzarella, versnipperd
- 1 kopje kokosroom
- 1 eetlepel gehakte peterselie

Indicaties:
1. Combineer de lente-uitjes met de sjalotten en andere ingrediënten in een blender, meng goed, verdeel over kommen en serveer als een feestdip.

Voeding: calorieën 271, vet 15,3, vezels 5, koolhydraten 15,9, eiwit 6,9

Pijnboompitten en kokossaus

Bereidingstijd: 5 minuten
Bereidingstijd: 0 minuten
Porties: 4

Ingrediënten:
- 8 oz room van kokosnoot
- 1 eetlepel pijnboompitten, gehakt
- 2 eetlepels gehakte peterselie
- Een snufje zwarte peper

Indicaties:
1. Meng in een kom de room met de pijnboompitten en de rest van de ingrediënten, klop goed, verdeel in kommen en serveer.

Voeding: calorieën 281, vet 13, vezels 4,8, koolhydraten 16, eiwit 3,56

Rucola En Komkommersaus

Bereidingstijd: 5 minuten
Bereidingstijd: 0 minuten
Porties: 4

Ingrediënten:
- 4 sjalotjes, fijngehakt
- 2 in blokjes gesneden tomaten
- 4 komkommers, in blokjes gesneden
- 1 eetlepel balsamicoazijn
- 1 kopje babyraketblaadjes
- 2 eetlepels citroensap
- 2 eetlepels olijfolie
- Een snufje zwarte peper

Indicaties:
1. Meng in een kom de sjalotjes met de tomaten en andere ingrediënten, mix, verdeel in kleine kommetjes en serveer als tussendoortje.

Voeding: calorieën 139, vet 3,8, vezels 4,5, koolhydraten 14, eiwit 5,4

Kaas saus

Bereidingstijd: 5 minuten
Bereidingstijd: 0 minuten
Porties: 6

Ingrediënten:
- 1 eetlepel munt, gehakt
- 1 eetlepel oregano, fijngehakt
- 10 ons vetvrije roomkaas
- ½ kopje gember, in plakjes
- 2 eetlepels kokosamino's

Indicaties:
1. Combineer in je blender de roomkaas met de gember en andere ingrediënten, meng goed, verdeel in kommen en serveer.

Voeding: calorieën 388, vet 15,4, vezels 6, koolhydraten 14,3, eiwit 6

Paprika-yoghurtsaus

Bereidingstijd: 5 minuten
Bereidingstijd: 0 minuten
Porties: 4

Ingrediënten:
- 3 kopjes magere yoghurt
- 2 lente-uitjes, gesnipperd
- 1 theelepel zoete paprika
- ¼ kopje gemalen amandelen
- ¼ kopje dille, gehakt

Indicaties:
1. Meng de yoghurt met de uien en andere ingrediënten in een kom, meng, verdeel in kommen en serveer.

Voeding: calorieën 181, vet 12,2, vezels 6, koolhydraten 14,1, eiwit 7

Bloemkool Saus

Bereidingstijd: 5 minuten
Bereidingstijd: 0 minuten
Porties: 4

Ingrediënten:
- 1 pond bloemkoolroosjes, geblancheerd
- 1 kopje kalamata-olijven, ontpit en gehalveerd
- 1 kop kerstomaatjes, gehalveerd
- 1 eetlepel olijfolie
- 1 eetlepel limoensap
- Een snufje zwarte peper

Indicaties:
1. Meng in een kom de bloemkool met de olijven en de andere ingrediënten, meng en serveer.

Voeding: calorieën 139, vet 4, vezels 3,6, koolhydraten 5,5, eiwit 3,4

Garnalen crème

Bereidingstijd: 5 minuten
Bereidingstijd: 0 minuten
Porties: 4

Ingrediënten:
- 8 oz room van kokosnoot
- 1 pond garnalen, gekookt, gepeld, schoongemaakt en gehakt
- 2 eetlepels dille, gehakt
- 2 lente-uitjes, gesnipperd
- 1 eetlepel gehakte koriander
- Een snufje zwarte peper

Indicaties:
1. Combineer de garnalen met de room en de andere ingrediënten in een kom, meng en serveer als een smeerbare crème.

Voeding: calorieën 362, vet 14,3, vezels 6, koolhydraten 14,6, eiwit 5,9

Perzik saus

Bereidingstijd: 4 minuten
Bereidingstijd: 0 minuten
Porties: 4

Ingrediënten:
- 4 perziken, ontpit en in blokjes
- 1 kopje kalamata-olijven, ontpit en gehalveerd
- 1 avocado, ontpit, geschild en in blokjes
- 1 kop kerstomaatjes, gehalveerd
- 1 eetlepel olijfolie
- 1 eetlepel limoensap
- 1 eetlepel gehakte koriander

Indicaties:
1. Meng de perziken met de olijven en de andere ingrediënten in een kom, meng goed en serveer koud.

Voeding: calorieën 200, vet 7,5, vezels 5, koolhydraten 13,3, eiwit 4,9

Wortelchips

Bereidingstijd: 10 minuten
Bereidingstijd: 20 minuten
Porties: 4

Ingrediënten:
- 4 wortels, in dunne plakjes gesneden
- 2 eetlepels olijfolie
- Een snufje zwarte peper
- 1 theelepel zoete paprika
- ½ theelepel kurkumapoeder
- Een snufje chilivlokken

Indicaties:
1. Combineer in een kom de wortelvlokken met de olie en de andere ingrediënten en meng.
2. Spreid de friet uit op een met bakpapier beklede bakplaat, bak 25 minuten op 400°F, verdeel over kommen en serveer als tussendoortje.

Voeding: calorieën 180, vet 3, vezels 3,3, koolhydraten 5,8, eiwit 1,3

Asperges stukjes

Bereidingstijd: 4 minuten
Bereidingstijd: 20 minuten
Porties: 4

Ingrediënten:
- 2 eetlepels kokosolie, gesmolten
- 1 pond asperges, bijgesneden en gehalveerd
- 1 theelepel knoflookpoeder
- 1 theelepel gedroogde rozemarijn
- 1 theelepel chilipoeder

Indicaties:
1. Meng de asperges in een kom met de olie en de overige ingrediënten, meng, verdeel ze over een met bakpapier beklede bakplaat en bak ze 20 minuten op 400 graden.
2. Verdeel over kommen en serveer koud als tussendoortje.

Voeding: calorieën 170, vet 4,3, vezels 4, koolhydraten 7, eiwit 4,5

Kommen Gebakken Vijgen

Bereidingstijd: 4 minuten
Bereidingstijd: 12 minuten
Porties: 4

Ingrediënten:
- 8 vijgen, gehalveerd
- 1 eetlepel avocado-olie
- 1 theelepel nootmuskaat, gemalen

Indicaties:
1. Combineer de vijgen in een braadpan met de olie en nootmuskaat, mix en bak op 400 graden gedurende 12 minuten.
2. Verdeel de vijgen over kleine schaaltjes en serveer als tussendoortje.

Voeding: calorieën 180, vet 4,3, vezels 2, koolhydraten 2, eiwit 3,2

Koolsalade en Garnalen

Bereidingstijd: 5 minuten
Bereidingstijd: 6 minuten
Porties: 4

Ingrediënten:
- 2 kopjes rode kool, versnipperd
- 1 pond garnalen, gepeld en schoongemaakt
- 1 eetlepel olijfolie
- Een snufje zwarte peper
- 2 lente-uitjes, gesnipperd
- 1 kop tomaten, in blokjes
- ½ theelepel knoflookpoeder

Indicaties:
1. Verhit een pan met de olie op middelhoog vuur, voeg de garnalen toe, roer en bak 3 minuten aan elke kant.
2. Combineer de kool met de garnalen en de andere ingrediënten in een kom, meng, verdeel in kleine kommen en serveer.

Voeding: calorieën 225, vet 9,7, vezels 5,1, koolhydraten 11,4, eiwit 4,5

Avocado-partjes

Bereidingstijd: 5 minuten
Bereidingstijd: 10 minuten
Porties: 4

Ingrediënten:
- 2 avocado's, geschild, ontpit en in partjes gesneden
- 1 eetlepel avocado-olie
- 1 eetlepel limoensap
- 1 theelepel koriander, gemalen

Indicaties:
1. Spreid de avocadopartjes uit op een met bakpapier beklede bakplaat, voeg de olie en de overige ingrediënten toe, meng en bak 10 minuten op 300 graden.
2. Verdeel ze over kommen en serveer als tussendoortje.

Voeding: calorieën 212, vet 20,1, vezels 6,9, koolhydraten 9,8, eiwit 2

Citroen saus

Bereidingstijd: 4 minuten
Bereidingstijd: 0 minuten
Porties: 4

Ingrediënten:
- 1 kopje magere roomkaas
- Zwarte peper naar smaak
- ½ kopje citroensap
- 1 eetlepel gehakte koriander
- 3 teentjes knoflook, fijngehakt

Indicaties:
1. Meng in je keukenmachine de roomkaas met het citroensap en de overige ingrediënten, meng goed, verdeel in kommen en serveer.

Voeding: calorieën 213, vet 20,5, vezels 0,2, koolhydraten 2,8, eiwit 4,8

Zoete aardappeldip

Bereidingstijd: 10 minuten
Bereidingstijd: 40 minuten
Porties: 4

Ingrediënten:
- 1 kopje zoete aardappelen, geschild en in blokjes gesneden
- 1 eetlepel natriumarme groentebouillon
- Bak spray
- 2 eetlepels kokoscrème
- 2 theelepels gedroogde rozemarijn
- Zwarte peper naar smaak

Indicaties:
1. Combineer in een braadpan de aardappelen met de bouillon en de andere ingrediënten, meng, bak op 365 graden gedurende 40 minuten, doe in de blender, klop goed, verdeel in kleine kommen en serveer

Voeding: calorieën 65, vet 2,1, vezels 2, koolhydraten 11,3, eiwit 0,8

Bonen Saus

Bereidingstijd: 5 minuten
Bereidingstijd: 0 minuten
Porties: 4

Ingrediënten:
- 1 kop ingeblikte zwarte bonen, geen zout toegevoegd, uitgelekt
- 1 kopje rode kidneybonen uit blik, zonder zout toegevoegd, uitgelekt
- 1 theelepel balsamicoazijn
- 1 kop kerstomaatjes, in blokjes
- 1 eetlepel olijfolie
- 2 sjalotten, fijngehakt

Indicaties:
1. Combineer de bonen in een kom met de azijn en de andere ingrediënten, meng en serveer als een feestsnack.

Voeding: calorieën 362, vet 4,8, vezels 14,9, koolhydraten 61, eiwit 21,4

Groene Bonen Saus

Bereidingstijd: 10 minuten
Bereidingstijd: 10 minuten
Porties: 4

Ingrediënten:
- 1 pond sperziebonen, bijgesneden en gehalveerd
- 1 eetlepel olijfolie
- 2 theelepels kappertjes, uitgelekt
- 6 ons groene olijven, ontpit en in plakjes
- 4 teentjes knoflook, fijngehakt
- 1 eetlepel limoensap
- 1 eetlepel oregano, fijngehakt
- Zwarte peper naar smaak

Indicaties:
1. Verhit een pan met de olie op middelhoog vuur, voeg de knoflook en sperziebonen toe, roer en bak 3 minuten.
2. Voeg de rest van de ingrediënten toe, mix, kook nog 7 minuten, verdeel in kommen en serveer koud.

Voeding: calorieën 111, vet 6,7, vezels 5,6, koolhydraten 13,2, eiwit 2,9

Wortelen crème

Bereidingstijd: 10 minuten
Bereidingstijd: 30 minuten
Porties: 4

Ingrediënten:
- 1 pond wortelen, geschild en in stukjes gesneden
- ½ kopje gehakte walnoten
- 2 kopjes natriumarme groentebouillon
- 1 kopje kokosroom
- 1 eetlepel gehakte rozemarijn
- 1 theelepel knoflookpoeder
- ¼ theelepel gerookt paprikapoeder

Indicaties:
1. Meng in een kleine steelpan de wortelen met de bouillon, de walnoten en de andere ingrediënten behalve de room en de rozemarijn, meng, breng aan de kook op middelhoog vuur, kook gedurende 30 minuten, giet af en doe in een blender.
2. Voeg de room toe, klop het mengsel goed, verdeel in kommen, bestrooi met rozemarijn en serveer.

Voeding: calorieën 201, vet 8,7, vezels 3,4, koolhydraten 7,8, eiwit 7,7

Tomatensaus

Bereidingstijd: 10 minuten
Bereidingstijd: 10 minuten
Porties: 4

Ingrediënten:
- 1 pond tomaten, geschild en in stukjes gesneden
- ½ kopje knoflook, gehakt
- 2 eetlepels olijfolie
- Een snufje zwarte peper
- 2 sjalotten, fijngehakt
- 1 theelepel tijm, gedroogd

Indicaties:
1. Verhit een pan met de olie op middelhoog vuur, voeg de knoflook en sjalotten toe, roer en bak 2 minuten.
2. Voeg de tomaten en andere ingrediënten toe, kook nog eens 8 minuten en doe het in een blender.
3. Meng goed, verdeel over kommen en serveer als tussendoortje.

Voeding: calorieën 232, vet 11,3, vezels 3,9, koolhydraten 7,9, eiwit 4,5

Kommen Zalm

Bereidingstijd: 10 minuten
Bereidingstijd: 0 minuten
Porties: 6

Ingrediënten:
- 1 eetlepel avocado-olie
- 1 eetlepel balsamicoazijn
- ½ theelepel gedroogde oregano
- 1 kopje gerookte zalm, geen zout toegevoegd, zonder bot, zonder vel en in blokjes
- 1 kopje saus
- 4 kopjes babyspinazie

Indicaties:
1. Meng in een kom de zalm met de saus en de andere ingrediënten, meng, verdeel in kommen en serveer.

Voeding:calorieën 281, vet 14,4, vezels 7,4, koolhydraten 18,7, eiwit 7,4

Salsa van Tomaat en Maïs

Bereidingstijd: 4 minuten
Bereidingstijd: 0 minuten
Porties: 4

Ingrediënten:

- 3 kopjes maïs
- 2 kopjes tomatenblokjes
- 2 groene uien, gehakt
- 2 eetlepels olijfolie
- 1 rode paprika, fijngehakt
- ½ eetlepel gehakte bieslook

Indicaties:

1. Meng in een slakom de tomaten met de maïs en andere ingrediënten, meng en serveer koud als tussendoortje.

Voeding: calorieën 178, vet 8,6, vezels 4,5, koolhydraten 25,9, eiwit 4,7

Gebakken Champignons

Bereidingstijd: 10 minuten
Bereidingstijd: 25 minuten
Porties: 4

Ingrediënten:
- 1 lb. Kleine champignondoppen
- 2 eetlepels olijfolie
- 1 eetlepel gehakte bieslook
- 1 eetlepel gehakte rozemarijn
- Zwarte peper naar smaak

Indicaties:
1. Leg de champignons in een braadpan, voeg de olie en de rest van de ingrediënten toe, meng, bak 25 minuten op 400°C, verdeel over kommen en serveer als tussendoortje.

Voeding: calorieën 215, vet 12,3, vezels 6,7, koolhydraten 15,3, eiwit 3,5

Smeerbare Bonen

Bereidingstijd: 5 minuten
Bereidingstijd: 0 minuten
Porties: 4

Ingrediënten:
- ½ kopje kokosroom
- 1 eetlepel olijfolie
- 2 kopjes ingeblikte zwarte bonen, geen zout toegevoegd, uitgelekt en gespoeld
- 2 eetlepels groene uien, gehakt

Indicaties:
1. Combineer de bonen met de room en de andere ingrediënten in een blender, klop goed, verdeel in kommen en serveer.

Voeding: calorieën 311, vet 13,5, vezels 6, koolhydraten 18,0, eiwit 8

Koriander-venkelsaus

Bereidingstijd: 5 minuten
Bereidingstijd: 0 minuten
Porties: 4

Ingrediënten:
- 2 gesnipperde lente-uitjes
- 2 venkel, gehakt
- 1 groene paprika, fijngehakt
- 1 tomaat, in stukjes
- 1 theelepel kurkumapoeder
- 1 theelepel limoensap
- 2 eetlepels gehakte koriander
- Zwarte peper naar smaak

Indicaties:
1. Meng in een slakom de venkel met de uien en de andere ingrediënten, meng, verdeel in kommen en serveer.

Voeding: calorieën 310, vet 11,5, vezels 5,1, koolhydraten 22,3, eiwit 6,5

Spruitjes bijten

Bereidingstijd: 10 minuten
Bereidingstijd: 25 minuten
Porties: 4

Ingrediënten:
- 1 pond spruitjes, geschild en gehalveerd
- 2 eetlepels olijfolie
- 1 eetlepel komijn, gemalen
- 1 kopje dille, gehakt
- 2 teentjes knoflook, fijngehakt

Indicaties:
1. Combineer in een braadpan de spruitjes met de olie en de overige ingrediënten, meng en bak op 390 graden gedurende 25 minuten.
2. Verdeel de spruitjes over kommetjes en serveer als tussendoortje.

Voeding: calorieën 270, vet 10,3, vezels 5,2, koolhydraten 11,1, eiwit 6

Balsamico notenhapjes

Bereidingstijd: 10 minuten
Bereidingstijd: 15 minuten
Porties: 4

Ingrediënten:
- 2 kopjes walnoten
- 3 eetlepels rode azijn
- Een scheutje olijfolie
- Een snufje cayennepeper
- Een snufje chilivlokken
- Zwarte peper naar smaak

Indicaties:
1. Spreid de noten uit op een met bakpapier beklede bakplaat, voeg de azijn en de overige ingrediënten toe, meng en bak gedurende 15 minuten op 400 graden.
2. Verdeel de noten over kommen en serveer.

Voeding: calorieën 280, vet 12,2, vezels 2, koolhydraten 15,8, eiwit 6

Radijs chips

Bereidingstijd: 10 minuten
Bereidingstijd: 20 minuten
Porties: 4

Ingrediënten:
- 1 pond radijsjes, in dunne plakjes
- Een snufje kurkumapoeder
- Zwarte peper naar smaak
- 2 eetlepels olijfolie

Indicaties:
1. Spreid de radijschips uit op een met bakpapier beklede bakplaat, voeg de olie en de overige ingrediënten toe, meng en bak 20 minuten op 400 graden.
2. Verdeel de friet in kommen en serveer.

Voeding: calorieën 120, vet 8,3, vezels 1, koolhydraten 3,8, eiwit 6

Salade van Prei en Garnalen

Bereidingstijd: 4 minuten
Bereidingstijd: 0 minuten
Porties: 4

Ingrediënten:
- 2 prei, in plakjes
- 1 kopje koriander, gehakt
- 1 pond garnalen, gepeld, schoongemaakt en gekookt
- Sap van 1 limoen
- 1 eetlepel limoenschil, geraspt
- 1 kop kerstomaatjes, gehalveerd
- 2 eetlepels olijfolie
- Zout en zwarte peper naar smaak

Indicaties:
1. Meng in een slakom de garnalen met de prei en de andere ingrediënten, meng, verdeel in kommen en serveer.

Voeding: calorieën 280, vet 9.1, vezels 5.2, koolhydraten 12.6, eiwit 5

Prei saus

Bereidingstijd: 5 minuten
Bereidingstijd: 0 minuten
Porties: 4

Ingrediënten:
- 1 eetlepel citroensap
- ½ kopje magere roomkaas
- 2 eetlepels olijfolie
- Zwarte peper naar smaak
- 4 prei, gehakt
- 1 eetlepel gehakte koriander

Indicaties:
1. Combineer de roomkaas met de prei en andere ingrediënten in een blender, meng goed, verdeel in kommen en serveer als feestdip.

Voeding: calorieën 300, vet 12,2, vezels 7,6, koolhydraten 14,7, eiwit 5,6

Peper Slaw

Bereidingstijd: 5 minuten
Bereidingstijd: 0 minuten
Porties: 4

Ingrediënten:
- 1/2 pond rode paprika, in dunne reepjes gesneden
- 3 groene uien, gehakt
- 1 eetlepel olijfolie
- 2 theelepels geraspte gember
- ½ theelepel gedroogde rozemarijn
- 3 eetlepels balsamicoazijn

Indicaties:
1. Meng in een slakom de paprika's met de uien en de andere ingrediënten, meng, verdeel in kommen en serveer.

Voeding: calorieën 160, vet 6, vezels 3, koolhydraten 10,9, eiwit 5,2

Avocado-crème

Bereidingstijd: 4 minuten
Bereidingstijd: 0 minuten
Porties: 4

Ingrediënten:
- 2 eetlepels dille, gehakt
- 1 sjalot, fijngehakt
- 2 teentjes knoflook, fijngehakt
- 2 avocado's, geschild, ontpit en in stukjes gesneden
- 1 kopje kokosroom
- 2 eetlepels olijfolie
- 2 eetlepels limoensap
- Zwarte peper naar smaak

Indicaties:
1. Combineer de avocado's in een blender met de sjalotten, knoflook en andere ingrediënten, meng goed, verdeel in kleine kommen en serveer als tussendoortje.

Voeding: calorieën 300, vet 22,3, vezels 6,4, koolhydraten 42, eiwit 8,9

Maïs Salsa

Bereidingstijd: 30 minuten
Bereidingstijd: 0 minuten
Porties: 4

Ingrediënten:
- Een snufje cayennepeper
- Een snufje zwarte peper
- 2 kopjes maïs
- 1 kopje kokosroom
- 2 eetlepels citroensap
- 2 eetlepels avocado-olie

Indicaties:
1. Combineer de maïs in een blender met de room en de overige ingrediënten, meng goed, verdeel in kommen en serveer als feestdip.

Voeding: calorieën 215, vet 16,2, vezels 3,8, koolhydraten 18,4, eiwit 4

Bonenrepen

Bereidingstijd: 2 uur
Bereidingstijd: 0 minuten
Porties: 12

Ingrediënten:
- 1 kop ingeblikte zwarte bonen, geen zout toegevoegd, uitgelekt
- 1 kop kokosvlokken, ongezoet
- 1 kopje magere boter
- ½ kopje chiazaad
- ½ kopje kokosroom

Indicaties:
1. Combineer de bonen met de kokosvlokken en de andere ingrediënten in een blender, klop goed, verdeel ze in een vierkante pan, druk aan, zet 2 uur in de koelkast, snijd ze in middelgrote repen en serveer.

Voeding: calorieën 141, vet 7, vezels 5, koolhydraten 16,2, eiwit 5

Pompoenpittenmix en appelchips

Bereidingstijd: 10 minuten
Bereidingstijd: 2 uur
Porties: 4

Ingrediënten:
- Bak spray
- 2 theelepels nootmuskaat, gemalen
- 1 kopje pompoenpitten
- 2 appels, klokhuis verwijderd en in dunne plakjes gesneden

Indicaties:
1. Schik de pompoenpitten en appelchips op een met bakpapier beklede bakplaat, strooi de nootmuskaat erover, spray met de spray, doe de oven in en bak 2 uur op 300 graden.
2. Verdeel over kommen en serveer als tussendoortje.

Voeding: calorieën 80, vet 0, vezels 3, koolhydraten 7, eiwit 4

Tomaten en yoghurtsaus

Bereidingstijd: 5 minuten
Bereidingstijd: 0 minuten
Porties: 4

Ingrediënten:
- 2 kopjes magere Griekse yoghurt
- 1 eetlepel gehakte peterselie
- ¼ kopje ingeblikte tomaten, geen zout toegevoegd, gehakt
- 2 eetlepels gehakte bieslook
- Zwarte peper naar smaak

Indicaties:
1. Meng in een kom de yoghurt met de peterselie en de overige ingrediënten, klop goed, verdeel in kleine kommetjes en serveer als partysaus.

Voeding: calorieën 78, vet 0, vezels 0,2, koolhydraten 10,6, eiwit 8,2

Cayenne biet kommen

Bereidingstijd: 10 minuten
Bereidingstijd: 35 minuten
Porties: 2

Ingrediënten:
- 1 theelepel cayennepeper
- 2 bieten, geschild en in blokjes gesneden
- 1 theelepel gedroogde rozemarijn
- 1 eetlepel olijfolie
- 2 theelepels limoensap

Indicaties:
1. Combineer in een braadslee de rode bietbites met de cayennepeper en de overige ingrediënten, meng, doe in de oven, bak op 355 graden gedurende 35 minuten, verdeel in kleine kommen en serveer als tussendoortje.

Voeding: calorieën 170, vet 12,2, vezels 7, koolhydraten 15,1, eiwit 6

Kommen walnoten en pecannoten

Bereidingstijd: 10 minuten
Bereidingstijd: 10 minuten
Porties: 4

Ingrediënten:
- 2 kopjes walnoten
- 1 kopje pecannoten, gehakt
- 1 theelepel avocado-olie
- ½ theelepel zoete paprika

Indicaties:
1. Spreid de druiven en pecannoten uit op een met bakpapier beklede bakplaat, voeg de olie en paprika toe, roer en bak 10 minuten op 400 graden.
2. Verdeel over kommen en serveer als tussendoortje.

Voeding: calorieën 220, vet 12,4, vezels 3, koolhydraten 12,9, eiwit 5,6

Peterselie Zalm Muffins

Bereidingstijd: 10 minuten
Bereidingstijd: 25 minuten
Porties: 4

Ingrediënten:
- 1 kopje magere mozzarella, versnipperd
- 8 ons gerookte zalm, zonder vel, zonder bot en fijngehakt
- 1 kopje amandelmeel
- 1 ei, losgeklopt
- 1 theelepel gedroogde peterselie
- 1 teentje knoflook, fijngehakt
- Zwarte peper naar smaak
- Bak spray

Indicaties:
1. Meng in een kom de zalm met de mozzarella en de overige ingrediënten behalve de kookspray en meng goed.
2. Verdeel dit mengsel in een met kookspray ingevette muffinvorm, bak 25 minuten in een oven van 375 graden en serveer als tussendoortje.

Voeding: calorieën 273, vet 17, vezels 3,5, koolhydraten 6,9, eiwit 21,8

Kommen Ui Pearl Cheesy

Bereidingstijd: 10 minuten
Bereidingstijd: 30 minuten
Porties: 8

Ingrediënten:
- 20 parelwitte uien, gepeld
- 3 eetlepels gehakte peterselie
- 1 eetlepel gehakte bieslook
- Zwarte peper naar smaak
- 1 kopje magere mozzarella, versnipperd
- 1 eetlepel olijfolie

Indicaties:
1. Spreid de lente-uitjes uit op een met bakpapier beklede bakplaat, voeg de olie, peterselie, bieslook en zwarte peper toe en meng.
2. Strooi er mozzarella over, bak 30 minuten op 390 graden, verdeel over kommen en serveer gekoeld als tussendoortje.

Voeding: calorieën 136, vet 2,7, vezels 6, koolhydraten 25,9, eiwit 4,1

Broccolirepen

Bereidingstijd: 10 minuten
Bereidingstijd: 25 minuten
Porties: 8

Ingrediënten:
- 1 pond broccoliroosjes, gehakt
- ½ kopje magere mozzarella, versnipperd
- 2 losgeklopte eieren
- 1 theelepel gedroogde oregano
- 1 theelepel basilicum, gedroogd
- Zwarte peper naar smaak

Indicaties:
1. Meng in een kom de broccoli met de kaas en de overige ingrediënten, meng goed, verdeel in een rechthoekige pan en druk goed aan op de bodem.
2. Plaats in de oven op 380°C, bak gedurende 25 minuten, snij in repen en dien koud op.

Voeding: calorieën 46, vet 1,3, vezels 1,8, koolhydraten 4,2, eiwit 5

Salsa van ananas en tomaten

Bereidingstijd: 10 minuten
Bereidingstijd: 40 minuten
Porties: 4

Ingrediënten:
- 20 ons ingeblikte ananas, uitgelekt en in blokjes gesneden
- 1 kopje zongedroogde tomaten, in blokjes
- 1 eetlepel gehakte basilicum
- 1 eetlepel avocado-olie
- 1 theelepel limoensap
- 1 kopje zwarte olijven, ontpit en in plakjes
- Zwarte peper naar smaak

Indicaties:
1. Combineer in een kom de ananasblokjes met de tomaten en de andere ingrediënten, meng, verdeel in kleinere kommen en serveer als tussendoortje.

Voeding: calorieën 125, vet 4,3, vezels 3,8, koolhydraten 23,6, eiwit 1,5

Mix van Kalkoen en Artisjokken

Bereidingstijd: 5 minuten
Bereidingstijd: 25 minuten
Porties: 4

Ingrediënten:

- 2 eetlepels olijfolie
- 1 kalkoenfilet, zonder vel, uitgebeend en in plakjes
- Een snufje zwarte peper
- 1 eetlepel gehakte basilicum
- 3 teentjes knoflook, fijngehakt
- 14 ons ingeblikte artisjokken, geen zout toegevoegd, gehakt
- 1 kopje kokosroom
- ¾ kopje magere mozzarella, versnipperd

Indicaties:

1. Verhit een pan met de olie op middelhoog vuur, voeg het vlees, de knoflook en de zwarte peper toe, roer en bak 5 minuten.
2. Voeg de rest van de ingrediënten behalve de kaas toe, roer en kook op middelhoog vuur gedurende 15 minuten.
3. Bestrooi met de kaas, kook alles nog 5 minuten, verdeel over de borden en serveer.

Voeding: calorieën 300, vet 22,2, vezels 7,2, koolhydraten 16,5, eiwit 13,6

Oregano Türkiye Mix

Bereidingstijd: 10 minuten
Bereidingstijd: 30 minuten
Porties: 4

Ingrediënten:
- 2 eetlepels avocado-olie
- 1 rode ui, gesnipperd
- 2 teentjes knoflook, fijngehakt
- Een snufje zwarte peper
- 1 eetlepel oregano, fijngehakt
- 1 grote kalkoenfilet, zonder vel, zonder bot en in blokjes
- 1 1/2 kopjes natriumarme runderbouillon
- 1 eetlepel gehakte bieslook

Indicaties:
1. Verhit een pan met de olie op middelhoog vuur, voeg de ui toe, meng en fruit 3 minuten.
2. Voeg de knoflook en het vlees toe, roer en kook nog 3 minuten.
3. Voeg de rest van de ingrediënten toe, roer, kook op middelhoog vuur gedurende 25 minuten, verdeel over borden en serveer.

Voeding: calorieën 76, vet 2.1, vezels 1.7, koolhydraten 6.4, eiwit 8.3

Kip Met Sinaasappel

Bereidingstijd: 10 minuten
Bereidingstijd: 35 minuten
Porties: 4

Ingrediënten:
- 1 eetlepel avocado-olie
- 1 pond kipfilet, zonder vel, zonder bot en gehalveerd
- 2 teentjes knoflook, fijngehakt
- 2 sjalotten, fijngehakt
- ½ kopje sinaasappelsap
- 1 eetlepel geraspte sinaasappelschil
- 3 eetlepels balsamicoazijn
- 1 theelepel gehakte rozemarijn

Indicaties:
1. Verhit een pan met de olie op middelhoog vuur, voeg de sjalotten en knoflook toe, roer en bak 2 minuten.
2. Voeg het vlees toe, meng voorzichtig en kook nog 3 minuten.
3. Voeg de rest van de ingrediënten toe, mix, plaats de pan in de oven en bak 30 minuten op 340°C.
4. Verdeel over borden en serveer.

Voeding: calorieën 159, vet 3,4, vezels 0,5, koolhydraten 5,4, eiwit 24,6

Knoflookkalkoen en Champignons

Bereidingstijd: 10 minuten
Bereidingstijd: 40 minuten
Porties: 4

Ingrediënten:
- 1 kalkoenfilet zonder bot, zonder vel, in blokjes gesneden
- ½ pond witte champignons, gehalveerd
- 1/3 kopje kokosamino's
- 2 teentjes knoflook, fijngehakt
- 2 eetlepels olijfolie
- Een snufje zwarte peper
- 2 groene uien, gehakt
- 3 eetlepels knoflooksaus
- 1 eetlepel gehakte rozemarijn

Indicaties:
1. Verhit een koekenpan met de olie op middelhoog vuur, voeg de bosui, knoflooksaus en knoflook toe en bak 5 minuten.
2. Voeg het vlees toe en bak het nog 5 minuten bruin.
3. Voeg de rest van de ingrediënten toe, schuif de oven in en bak 30 minuten op 390 graden.
4. Verdeel het mengsel over borden en serveer.

Voeding: calorieën 154, vet 8,1, vezels 1,5, koolhydraten 11,5, eiwit 9,8

Kip en Olijven

Bereidingstijd: 10 minuten
Bereidingstijd: 25 minuten
Porties: 4

Ingrediënten:

- 1 pond kipfilets, zonder vel, zonder bot en in grove blokjes
- Een snufje zwarte peper
- 1 eetlepel avocado-olie
- 1 rode ui, gesnipperd
- 1 kopje kokosmelk
- 1 eetlepel citroensap
- 1 kopje kalamata-olijven, ontpit en in plakjes
- ¼ kopje koriander, gehakt

Indicaties:

1. Verhit een pan met de olie op middelhoog vuur, voeg de ui en het vlees toe en fruit 5 minuten.
2. Voeg de rest van de ingrediënten toe, roer, breng aan de kook en kook op middelhoog vuur nog 20 minuten.
3. Verdeel over borden en serveer.

Voeding: calorieën 409, vet 26,8, vezels 3,2, koolhydraten 8,3, eiwit 34,9

Gemengde balsamico kalkoen en perziken

Bereidingstijd: 10 minuten
Bereidingstijd: 25 minuten
Porties: 4

Ingrediënten:
- 1 eetlepel avocado-olie
- 1 kalkoenfilet, zonder vel, uitgebeend en in plakjes
- Een snufje zwarte peper
- 1 gele ui, gesnipperd
- 4 perziken, ontpit en in partjes gesneden
- ¼ kopje balsamicoazijn
- 2 eetlepels gehakte bieslook

Indicaties:
1. Verhit een pan met de olie op middelhoog vuur, voeg het vlees en de ui toe, roer en fruit 5 minuten.
2. Voeg de rest van de ingrediënten behalve de bieslook toe, meng voorzichtig en bak 20 minuten op 390 graden.
3. Verdeel alles over borden en serveer met de bieslook erover gestrooid.

Voeding: calorieën 123, vet 1,6, vezels 3,3, koolhydraten 18,8, eiwit 9,1

Kip met kokos en spinazie

Bereidingstijd: 10 minuten
Bereidingstijd: 25 minuten
Porties: 4

Ingrediënten:

- 1 eetlepel avocado-olie
- 1 pond kipfilet, zonder vel, zonder bot en in blokjes
- ½ theelepel gedroogde basilicum
- Een snufje zwarte peper
- ¼ kopje natriumarme groentebouillon
- 2 kopjes babyspinazie
- 2 sjalotten, fijngehakt
- 2 teentjes knoflook, fijngehakt
- ½ theelepel zoete paprika
- 2/3 kopje kokosroom
- 2 eetlepels gehakte koriander

Indicaties:

1. Verhit een pan met de olie op middelhoog vuur, voeg het vlees, basilicum, zwarte peper toe en bak 5 minuten.
2. Voeg de sjalotjes en knoflook toe en bak nog 5 minuten.
3. Voeg de rest van de ingrediënten toe, roer, breng aan de kook en kook op middelhoog vuur nog 15 minuten.
4. Verdeel over borden en dien gloeiend heet op.

Voeding: calorieën 237, vet 12,9, vezels 1,6, koolhydraten 4,7, eiwit 25,8

Mix van kip en asperges

Bereidingstijd: 10 minuten
Bereidingstijd: 25 minuten
Porties: 4

Ingrediënten:
- 2 kipfilets, zonder vel, zonder bot en in blokjes
- 2 eetlepels avocado-olie
- 2 lente-uitjes, gesnipperd
- 1 bosje asperges, geschild en gehalveerd
- ½ theelepel zoete paprika
- Een snufje zwarte peper
- 14 ons ingeblikte tomaten, geen zout toegevoegd, uitgelekt en gehakt

Indicaties:
1. Verhit een pan met de olie op middelhoog vuur, voeg het vlees en de lente-uitjes toe, roer en bak 5 minuten.
2. Voeg de asperges en andere ingrediënten toe, roer, dek de pan af en kook op middelhoog vuur gedurende 20 minuten.
3. Verdeel alles over borden en serveer.

Voeding: calorieën 171, vet 6,4, vezels 2,6, koolhydraten 6,4, eiwit 22,2

Romige Turkije en Broccoli

Bereidingstijd: 10 minuten
Bereidingstijd: 25 minuten
Porties: 4

Ingrediënten:
- 1 eetlepel olijfolie
- 1 grote kalkoenfilet, zonder vel, zonder bot en in blokjes
- 2 kopjes broccoliroosjes
- 2 sjalotten, fijngehakt
- 2 teentjes knoflook, fijngehakt
- 1 eetlepel gehakte basilicum
- 1 eetlepel gehakte koriander
- ½ kopje kokosroom

Indicaties:
1. Verhit een pan met de olie op middelhoog vuur, voeg het vlees, de sjalotten en de knoflook toe, roer en bak 5 minuten.
2. Voeg de broccoli en andere ingrediënten toe, meng alles door elkaar, kook 20 minuten op middelhoog vuur, verdeel over de borden en serveer.

Voeding: calorieën 165, vet 11,5, vezels 2,1, koolhydraten 7,9, eiwit 9,6

Sperziebonenmix met kip en dille

Bereidingstijd: 10 minuten
Bereidingstijd: 25 minuten
Porties: 4

Ingrediënten:
- 2 eetlepels olijfolie
- 10 ons sperziebonen, geschild en gehalveerd
- 1 gele ui, gesnipperd
- 1 eetlepel dille, gehakt
- 2 kipfilets, zonder vel, zonder bot en gehalveerd
- 2 kopjes tomatensaus, geen zout toegevoegd
- 1/2 theelepel rode pepervlokken, geplet

Indicaties:
1. Verhit een pan met de olie op middelhoog vuur, voeg de ui en het vlees toe en bak het 2 minuten aan elke kant.
2. Voeg de sperziebonen en andere ingrediënten toe, meng, plaats in de oven en bak 20 minuten op 380 graden.
3. Verdeel over de borden en serveer direct.

Voeding: calorieën 391, vet 17,8, vezels 5, koolhydraten 14,8, eiwit 43,9

Chili Kip Courgette

Bereidingstijd: 5 minuten
Bereidingstijd: 25 minuten
Porties: 4

Ingrediënten:
- 1 pond kipfilets, zonder vel, zonder bot en in blokjes
- 1 kop natriumarme kippenbouillon
- 2 courgettes, in grove blokjes
- 1 eetlepel olijfolie
- 1 kop ingeblikte tomaten, geen zout toegevoegd, gehakt
- 1 gele ui, gesnipperd
- 1 theelepel chilipoeder
- 1 eetlepel gehakte koriander

Indicaties:

1. Verhit een pan met de olie op middelhoog vuur, voeg het vlees en de ui toe, roer en fruit 5 minuten.
2. Voeg de courgette en de rest van de ingrediënten toe, meng voorzichtig, zet het vuur laag en kook 20 minuten.
3. Verdeel alles over borden en serveer.

Voeding:calorieën 284, vet 12,3, vezels 2,4, koolhydraten 8, eiwit 35

Mix van avocado en kip

Bereidingstijd: 10 minuten
Bereidingstijd: 20 minuten
Porties: 4

Ingrediënten:
- 2 kipfilets, zonder vel, zonder bot en gehalveerd
- Sap van ½ citroen
- 2 eetlepels olijfolie
- 2 teentjes knoflook, fijngehakt
- ½ kopje natriumarme groentebouillon
- 1 avocado, geschild, ontpit en in partjes gesneden
- Een snufje zwarte peper

Indicaties:
1. Verhit een pan met de olie op middelhoog vuur, voeg de knoflook en het vlees toe en bak 2 minuten aan elke kant.
2. Voeg het citroensap en andere ingrediënten toe, breng aan de kook en kook op middelhoog vuur gedurende 15 minuten.
3. Verdeel de hele mix over borden en serveer.

Voeding: calorieën 436, vet 27,3, vezels 3,6, koolhydraten 5,6, eiwit 41,8

Türkiye en Bok Choy

Bereidingstijd: 10 minuten
Bereidingstijd: 20 minuten
Porties: 4

Ingrediënten:
- 1 kalkoenfilet, zonder bot, zonder vel en in blokjes
- 2 sjalotten, fijngehakt
- 1 pond paksoi, gehakt
- 2 eetlepels olijfolie
- ½ theelepel geraspte gember
- Een snufje zwarte peper
- ½ kopje natriumarme groentebouillon

Indicaties:
1. Verhit een pan met de olie op middelhoog vuur, voeg de sjalotten en gember toe en fruit 2 minuten.
2. Voeg het vlees toe en bak nog 5 minuten.
3. Voeg de rest van de ingrediënten toe, roer, laat nog 13 minuten sudderen, verdeel over de borden en serveer.

Voeding: calorieën 125, vet 8, vezels 1,7, koolhydraten 5,5, eiwit 9,3

Kip Met Rode Uienmix

Bereidingstijd: 10 minuten
Bereidingstijd: 25 minuten
Porties: 4

Ingrediënten:

- 2 kipfilets, zonder vel, zonder bot en in grove blokjes
- 3 rode uien, in plakjes
- 2 eetlepels olijfolie
- 1 kopje natriumarme groentebouillon
- Een snufje zwarte peper
- 1 eetlepel gehakte koriander
- 1 eetlepel gehakte bieslook

Indicaties:

1. Verhit een pan met de olie op middelhoog vuur, voeg de uien en een snufje zwarte peper toe en bak 10 minuten, onder regelmatig roeren.
2. Voeg de kip toe en bak nog 3 minuten.
3. Voeg de rest van de ingrediënten toe, breng aan de kook en kook nog 12 minuten op middelhoog vuur.
4. Verdeel het kip-uienmengsel over de borden en serveer.

Voeding: calorieën 364, vet 17,5, vezels 2,1, koolhydraten 8,8, eiwit 41,7

Hete kalkoen en rijst

Bereidingstijd: 10 minuten
Bereidingstijd: 42 minuten
Porties: 4

Ingrediënten:
- 1 kalkoenfilet, zonder vel, uitgebeend en in blokjes
- 1 kopje witte rijst
- 2 kopjes natriumarme groentebouillon
- 1 theelepel hete paprika
- 2 kleine serranopepers, fijngehakt
- 2 teentjes knoflook, fijngehakt
- 2 eetlepels olijfolie
- ½ gesneden rode peper
- Een snufje zwarte peper

Indicaties:
1. Verhit een pan met de olie op middelhoog vuur, voeg de serranopepers en knoflook toe en bak 2 minuten.
2. Voeg het vlees toe en bak het in 5 minuten bruin.
3. Voeg de rijst en andere ingrediënten toe, breng aan de kook en kook op middelhoog vuur gedurende 35 minuten.
4. Roer, verdeel over borden en serveer.

Voeding: calorieën 271, vet 7,7, vezels 1,7, koolhydraten 42, eiwit 7,8

Kip met prei en citroen

Bereidingstijd: 10 minuten
Bereidingstijd: 40 minuten
Porties: 4

Ingrediënten:
- 1 pond kipfilet, zonder vel, zonder bot en in blokjes
- Een snufje zwarte peper
- 2 eetlepels avocado-olie
- 1 eetlepel tomatensaus, geen zout toegevoegd
- 1 kopje natriumarme groentebouillon
- 4 preien, grof gesneden
- ½ kopje citroensap

Indicaties:
1. Verhit een pan met de olie op middelhoog vuur, voeg de prei toe, roer om en fruit 10 minuten.
2. Voeg de kip en andere ingrediënten toe, roer, kook nog 20 minuten op middelhoog vuur, verdeel over borden en serveer.

Voeding: calorieën 199, vet 13,3, vezels 5, koolhydraten 7,6, eiwit 17,4

Kalkoen Met Savooikool Mix

Bereidingstijd: 10 minuten
Bereidingstijd: 35 minuten
Porties: 4

Ingrediënten:
- 1 grote kalkoenfilet, zonder vel, zonder bot en in blokjes
- 1 kop natriumarme kippenbouillon
- 1 eetlepel kokosolie, gesmolten
- 1 kool, versnipperd
- 1 theelepel chilipoeder
- 1 theelepel zoete paprika
- 1 teentje knoflook, fijngehakt
- 1 gele ui, gesnipperd
- Een snufje zout en zwarte peper

Indicaties:
1. Verhit een pan met de olie op middelhoog vuur, voeg het vlees toe en bak het in 5 minuten bruin.
2. Voeg de knoflook en ui toe, roer en bak nog 5 minuten.
3. Voeg de kool en de andere ingrediënten toe, meng, breng aan de kook en kook op middelhoog vuur gedurende 25 minuten.
4. Verdeel alles over borden en serveer.

Voeding: Calorieën 299, Vet 14,5, Vezels 5, Koolhydraten 8,8, Eiwitten 12,6

Kip Met Paprika Sjalotten

Bereidingstijd: 10 minuten
Bereidingstijd: 30 minuten
Porties: 4

Ingrediënten:
- 1 pond kipfilet, zonder vel, zonder bot en in plakjes
- 4 sjalotjes, fijngehakt
- 1 eetlepel olijfolie
- 1 eetlepel zoete paprika
- 1 kop natriumarme kippenbouillon
- 1 eetlepel gember, geraspt
- 1 theelepel gedroogde oregano
- 1 theelepel komijn, gemalen
- 1 theelepel piment, gemalen
- ½ kopje gehakte koriander
- Een snufje zwarte peper

Indicaties:
1. Verhit een pan met de olie op middelhoog vuur, voeg de sjalotten en het vlees toe en fruit 5 minuten.
2. Voeg de rest van de ingrediënten toe, mix, plaats in de oven en bak op 390 graden gedurende 25 minuten.
3. Verdeel het mengsel van kip en sjalot over borden en serveer.

Voeding: calorieën 295, vet 12,5, vezels 6,9, koolhydraten 22,4, eiwit 15,6

Kip Jus En Mosterd

Bereidingstijd: 10 minuten
Bereidingstijd: 35 minuten
Porties: 4

Ingrediënten:
- 1 pond kippendijen, zonder bot en vel
- 1 eetlepel avocado-olie
- 2 eetlepels mosterd
- 1 sjalot, fijngehakt
- 1 kop natriumarme kippenbouillon
- Een snufje zout en zwarte peper
- 3 teentjes knoflook, fijngehakt
- ½ theelepel gedroogde basilicum

Indicaties:
1. Verhit een pan met de olie op middelhoog vuur, voeg de sjalotten, knoflook en kip toe en fruit 5 minuten.
2. Voeg de mosterd en de rest van de ingrediënten toe, meng voorzichtig, breng aan de kook en kook op middelhoog vuur gedurende 30 minuten.
3. Verdeel alles over de borden en dien gloeiend heet op.

Voeding: calorieën 299, vet 15,5, vezels 6,6, koolhydraten 30,3, eiwit 12,5

Mix van kip en bleekselderij

Bereidingstijd: 10 minuten
Bereidingstijd: 35 minuten
Porties: 4

Ingrediënten:
- Een snufje zwarte peper
- 2 pond kipfilet, zonder vel, zonder bot en in blokjes
- 2 eetlepels olijfolie
- 1 kopje bleekselderij, gehakt
- 3 teentjes knoflook, fijngehakt
- 1 poblano peper, gehakt
- 1 kopje natriumarme groentebouillon
- 1 theelepel chilipoeder
- 2 eetlepels gehakte bieslook

Indicaties:
1. Verhit een koekenpan met de olie op middelhoog vuur, voeg de knoflook, selderij en poblano peper toe, roer en bak 5 minuten.
2. Voeg het vlees toe, roer en kook nog 5 minuten.
3. Voeg de rest van de ingrediënten behalve de bieslook toe, breng aan de kook en kook op middelhoog vuur nog 25 minuten.
4. Verdeel het mengsel over de borden en serveer met de bieslook erover gestrooid.

Voeding: calorieën 305, vet 18, vezels 13,4, koolhydraten 22,5, eiwit 6

Limoenkalkoen met krieltjes

Bereidingstijd: 10 minuten
Bereidingstijd: 40 minuten
Porties: 4

Ingrediënten:
- 1 kalkoenfilet, zonder vel, uitgebeend en in plakjes
- 2 eetlepels olijfolie
- 1 pond nieuwe aardappelen, geschild en gehalveerd
- 1 eetlepel zoete paprika
- 1 gele ui, gesnipperd
- 1 theelepel chilipoeder
- 1 theelepel gedroogde rozemarijn
- 2 kopjes natriumarme kippenbouillon
- Een snufje zwarte peper
- De schil van 1 limoen, geraspt
- 1 eetlepel limoensap
- 1 eetlepel gehakte koriander

Indicaties:
1. Verhit een pan met de olie op middelhoog vuur, voeg de ui, chilipoeder en rozemarijn toe, meng en fruit 5 minuten.
2. Voeg het vlees toe en bak nog 5 minuten.
3. Voeg de aardappelen en de rest van de ingrediënten behalve de koriander toe, meng voorzichtig, breng aan de kook en kook op middelhoog vuur gedurende 30 minuten.
4. Verdeel het mengsel over borden en serveer met de koriander erover gestrooid.

Voeding:calorieën 345, vet 22,2, vezels 12,3, koolhydraten 34,5, eiwit 16,4

Kip Met Mosterd

Bereidingstijd: 10 minuten
Bereidingstijd: 25 minuten
Porties: 4

Ingrediënten:
- 2 kipfilets, zonder vel, zonder bot en in blokjes
- 3 kopjes mosterd
- 1 kop ingeblikte tomaten, geen zout toegevoegd, gehakt
- 1 rode ui, gesnipperd
- 2 eetlepels avocado-olie
- 1 theelepel gedroogde oregano
- 2 teentjes knoflook, fijngehakt
- 1 eetlepel gehakte bieslook
- 1 eetlepel balsamicoazijn
- Een snufje zwarte peper

Indicaties:
1. Verhit een pan met de olie op middelhoog vuur, voeg de ui en knoflook toe en fruit 5 minuten.
2. Voeg het vlees toe en bak het nog 5 minuten bruin.
3. Voeg de groenten, tomaten en andere ingrediënten toe, mix, kook gedurende 20 minuten op middelhoog vuur, verdeel over borden en serveer.

Voeding: calorieën 290, vet 12,3, vezels 6,7, koolhydraten 22,30, eiwit 14,3

Gebakken kip en appels

Bereidingstijd: 10 minuten
Bereidingstijd: 50 minuten
Porties: 4

Ingrediënten:
- 2 pond kippendijen, zonder bot en zonder vel
- 2 eetlepels olijfolie
- 2 rode uien, in plakjes
- Een snufje zwarte peper
- 1 theelepel tijm, gedroogd
- 1 theelepel basilicum, gedroogd
- 1 kopje groene appels, klokhuis verwijderd en grof in blokjes gesneden
- 2 teentjes knoflook, fijngehakt
- 2 kopjes natriumarme kippenbouillon
- 1 eetlepel citroensap
- 1 kop tomaten, in blokjes
- 1 eetlepel gehakte koriander

Indicaties:
1. Verhit een koekenpan met de olie op middelhoog vuur, voeg de uien en knoflook toe en fruit 5 minuten.
2. Voeg de kip toe en bak nog 5 minuten.
3. Voeg de tijm, basilicum en andere ingrediënten toe, meng voorzichtig, plaats in de oven en bak op 390 graden gedurende 40 minuten.
4. Verdeel het kip-appelmengsel over de borden en serveer.

Voeding:calorieën 290, vet 12,3, vezels 4, koolhydraten 15,7, eiwit 10

Chipotle-kip

Bereidingstijd: 10 minuten
Bereidingstijd: 1 uur
Porties: 6

Ingrediënten:
- 2 pond kippendijen, zonder bot en zonder vel
- 1 gele ui, gesnipperd
- 2 eetlepels olijfolie
- 3 teentjes knoflook, fijngehakt
- 1 eetlepel korianderzaad, gemalen
- 1 theelepel komijn, gemalen
- 1 kop natriumarme kippenbouillon
- 4 eetlepels chipotle peperpasta
- Een snufje zwarte peper
- 1 eetlepel gehakte koriander

Indicaties:
1. Verhit een pan met de olie op middelhoog vuur, voeg de ui en knoflook toe en fruit 5 minuten.
2. Voeg het vlees toe en bak nog 5 minuten.
3. Voeg de rest van de ingrediënten toe, meng, plaats alles in de oven en bak 50 minuten op 390 graden.
4. Verdeel de hele mix over borden en serveer.

Voeding:calorieën 280, vet 12,1, vezels 6,3, koolhydraten 15,7, eiwit 12

Gekruide kalkoen

Bereidingstijd: 10 minuten
Bereidingstijd: 35 minuten
Porties: 4

Ingrediënten:
- 1 grote kalkoenfilet, zonder bot, zonder vel en in plakjes
- 1 eetlepel gehakte bieslook
- 1 eetlepel oregano, fijngehakt
- 1 eetlepel gehakte basilicum
- 1 eetlepel gehakte koriander
- 2 sjalotten, fijngehakt
- 2 eetlepels olijfolie
- 1 kop natriumarme kippenbouillon
- 1 kop tomaten, in blokjes
- Zout en zwarte peper naar smaak

Indicaties:
1. Verhit een pan met de olie op middelhoog vuur, voeg de sjalotten en het vlees toe en fruit 5 minuten.
2. Voeg de bieslook en andere ingrediënten toe, roer, breng aan de kook en kook op middelhoog vuur gedurende 30 minuten.
3. Verdeel het mengsel over borden en serveer.

Voeding: calorieën 290, vet 11,9, vezels 5,5, koolhydraten 16,2, eiwit 9

Kip Gember Jus

Bereidingstijd: 10 minuten
Bereidingstijd: 35 minuten
Porties: 4

Ingrediënten:
- 1 pond kipfilet, zonder vel, zonder bot en in blokjes
- 1 eetlepel gember, geraspt
- 1 eetlepel olijfolie
- 2 sjalotten, fijngehakt
- 1 eetlepel balsamicoazijn
- Een snufje zwarte peper
- ¾ kopje natriumarme kippenbouillon
- 1 eetlepel gehakte basilicum

Indicaties:
1. Verhit een pan met de olie op middelhoog vuur, voeg de sjalotjes en gember toe, meng en fruit 5 minuten.
2. Voeg de rest van de ingrediënten behalve de kip toe, roer, breng aan de kook en kook nog 5 minuten.
3. Voeg de kip toe, roer, laat het geheel 25 minuten sudderen, verdeel over de borden en serveer.

Voeding: calorieën 294, vet 15,5, vezels 3, koolhydraten 15,4, eiwit 13,1

Kip en Maïs

Bereidingstijd: 10 minuten
Bereidingstijd: 35 minuten
Porties: 4

Ingrediënten:
- 2 pond kipfilet, zonder vel, zonder bot en gehalveerd
- 2 kopjes maïs
- 2 eetlepels avocado-olie
- Een snufje zwarte peper
- 1 theelepel gerookt paprikapoeder
- 1 bosje groene uien, gehakt
- 1 kop natriumarme kippenbouillon

Indicaties:
1. Verhit een koekenpan met de olie op middelhoog vuur, voeg de groene uien toe, roer en fruit ze 5 minuten.
2. Voeg de kip toe en bak nog 5 minuten.
3. Voeg de maïs en andere ingrediënten toe, roer, doe de pan in de oven en bak 25 minuten op 390 graden.
4. Verdeel het mengsel over borden en serveer.

Voeding: calorieën 270, vet 12,4, vezels 5,2, koolhydraten 12, eiwit 9

Curry Türkiye en Quinoa

Bereidingstijd: 10 minuten
Bereidingstijd: 40 minuten
Porties: 4

Ingrediënten:
- 1 pond kalkoenfilet, zonder vel, zonder bot en in blokjes
- 1 eetlepel olijfolie
- 1 kopje quinoa
- 2 kopjes natriumarme kippenbouillon
- 1 eetlepel limoensap
- 1 eetlepel gehakte peterselie
- Een snufje zwarte peper
- 1 eetlepel rode currypasta

Indicaties:
1. Verhit een pan met de olie op middelhoog vuur, voeg het vlees toe en bak het in 5 minuten bruin.
2. Voeg de quinoa en de rest van de ingrediënten toe, roer, breng aan de kook en kook op middelhoog vuur gedurende 35 minuten.
3. Verdeel alles over borden en serveer.

Voeding: calorieën 310, vet 8,5, vezels 11, koolhydraten 30,4, eiwit 16,3

Kalkoenpastinaak en komijn

Bereidingstijd: 10 minuten
Bereidingstijd: 40 minuten
Porties: 4

Ingrediënten:

- 1 pond kalkoenfilet, zonder vel, zonder bot en in blokjes
- 2 pastinaken, geschild en in blokjes
- 2 theelepels komijn, gemalen
- 1 eetlepel gehakte peterselie
- 2 eetlepels avocado-olie
- 2 sjalotten, fijngehakt
- 1 kop natriumarme kippenbouillon
- 4 teentjes knoflook, fijngehakt
- Een snufje zwarte peper

Indicaties:

1. Verhit een pan met de olie op middelhoog vuur, voeg de sjalotten en knoflook toe en fruit 5 minuten.
2. Voeg de kalkoen toe, roer en kook nog 5 minuten.
3. Voeg de pastinaak en andere ingrediënten toe, roer, kook nog 30 minuten op middelhoog vuur, verdeel over de borden en serveer.

Voeding: calorieën 284, vet 18,2, vezels 4, koolhydraten 16,7, eiwit 12,3

Kikkererwten Kalkoen en Koriander

Bereidingstijd: 10 minuten
Bereidingstijd: 40 minuten
Porties: 4

Ingrediënten:
- 1 kop kikkererwten uit blik, zonder zout toegevoegd, uitgelekt
- 1 kop natriumarme kippenbouillon
- 1 pond kalkoenfilet, zonder vel, zonder bot en in blokjes
- Een snufje zwarte peper
- 1 theelepel gedroogde oregano
- 1 theelepel nootmuskaat, gemalen
- 2 eetlepels olijfolie
- 1 gele ui, gesnipperd
- 1 groene paprika, gehakt
- 1 kopje koriander, gehakt

Indicaties:
1. Verhit een pan met de olie op middelhoog vuur, voeg de ui, paprika en vlees toe en bak 10 minuten onder regelmatig roeren.
2. Voeg de rest van de ingrediënten toe, roer, breng aan de kook en kook op middelhoog vuur gedurende 30 minuten.
3. Verdeel het mengsel over borden en serveer.

Voeding: calorieën 304, vet 11,2, vezels 4,5, koolhydraten 22,2, eiwit 17

Curry Turkije en Linzen

Bereidingstijd: 10 minuten
Bereidingstijd: 40 minuten
Porties: 4

Ingrediënten:

- 2 pond kalkoenfilet, zonder vel, zonder bot en in blokjes
- 1 kopje ingeblikte linzen, geen zout toegevoegd, uitgelekt en gespoeld
- 1 eetlepel groene currypasta
- 1 theelepel garam masala
- 2 eetlepels olijfolie
- 1 gele ui, gesnipperd
- 1 teentje knoflook, fijngehakt
- Een snufje zwarte peper
- 1 eetlepel gehakte koriander

Indicaties:

1. Verhit een pan met de olie op middelhoog vuur, voeg de ui, knoflook en het vlees toe en fruit 5 minuten, roer regelmatig.
2. Voeg de linzen en andere ingrediënten toe, breng aan de kook en kook op middelhoog vuur gedurende 35 minuten.
3. Verdeel het mengsel over borden en serveer.

Voeding: calorieën 489, vet 12,1, vezels 16,4, koolhydraten 42,4, eiwit 51,5

Kalkoen Met Bonen En Olijven

Bereidingstijd: 10 minuten
Bereidingstijd: 35 minuten
Porties: 4

Ingrediënten:
- 1 kopje zwarte bonen, geen zout toegevoegd en uitgelekt
- 1 kopje groene olijven, ontpit en gehalveerd
- 1 pond kalkoenfilet, zonder vel, zonder bot en in plakjes
- 1 eetlepel gehakte koriander
- 1 kop tomatensaus, geen zout toegevoegd
- 1 eetlepel olijfolie

Indicaties:
1. Vet een pan in met de olie, leg de plakjes kalkoen erin, voeg de overige ingrediënten toe, plaats in de oven en bak op 380°C gedurende 35 minuten.
2. Verdeel over borden en serveer.

Voeding: calorieën 331, vet 6,4, vezels 9, koolhydraten 38,5, eiwit 30,7

Kip quinoa en tomaat

Bereidingstijd: 10 minuten
Bereidingstijd: 35 minuten
Porties: 8

Ingrediënten:
- 1 eetlepel olijfolie
- 2 pond kipfilets, zonder vel, zonder bot en gehalveerd
- 1 theelepel rozemarijn, gemalen
- Een snufje zout en zwarte peper
- 2 sjalotten, fijngehakt
- 1 eetlepel olijfolie
- 3 eetlepels natriumarme tomatensaus
- 2 kopjes quinoa, al gekookt

Indicaties:
1. Verhit een pan met de olie op middelhoog vuur, voeg het vlees en de sjalotten toe en fruit 2 minuten aan elke kant.
2. Voeg de rozemarijn en andere ingrediënten toe, roer, plaats in de oven en bak op 370 graden gedurende 30 minuten.
3. Verdeel het mengsel over borden en serveer.

Voeding: calorieën 406, vet 14,5, vezels 3,1, koolhydraten 28,1, eiwit 39

Kippenvleugels met piment

Bereidingstijd: 10 minuten
Bereidingstijd: 20 minuten
Porties: 4

Ingrediënten:
- 2 pond kippenvleugels
- 2 theelepels piment, gemalen
- 2 eetlepels avocado-olie
- 5 teentjes knoflook, fijngehakt
- Zwarte peper naar smaak
- 2 eetlepels gehakte bieslook

Indicaties:
1. Combineer in een kom de kippenvleugels met de piment en andere ingrediënten en meng goed.
2. Schik de kippenvleugels in een braadpan en bak 20 minuten op 400 graden.
3. Verdeel de kippenvleugels over de borden en serveer.

Voeding: calorieën 449, vet 17,8, vezels 0,6, koolhydraten 2,4, eiwit 66,1

Turkije broccoli en komijn

Bereidingstijd: 10 minuten
Bereidingstijd: 30 minuten
Porties: 4

Ingrediënten:

- 1 rode ui, gesnipperd
- 1 pond kalkoenfilet, zonder vel, zonder bot en in blokjes
- 2 kopjes broccoliroosjes
- 1 theelepel komijn, gemalen
- 3 teentjes knoflook, fijngehakt
- 2 eetlepels olijfolie
- 14 oz kokosmelk
- Een snufje zwarte peper
- ¼ kopje koriander, gehakt

Indicaties:

1. Verhit een pan met de olie op middelhoog vuur, voeg de ui en knoflook toe, meng en fruit 5 minuten.
2. Voeg de kalkoen toe, roer en bak 5 minuten.
3. Voeg de broccoli en de rest van de ingrediënten toe, breng aan de kook op middelhoog vuur en kook gedurende 20 minuten.
4. Verdeel het mengsel over borden en serveer.

Voeding: calorieën 438, vet 32,9, vezels 4,7, koolhydraten 16,8, eiwit 23,5

Kip Kruidnagel

Bereidingstijd: 10 minuten
Bereidingstijd: 30 minuten
Porties: 4

Ingrediënten:
- 1 pond kipfilet, zonder vel, zonder bot en in blokjes
- 1 kop natriumarme kippenbouillon
- 1 eetlepel avocado-olie
- 2 theelepels kruidnagel, gemalen
- 1 gele ui, gesnipperd
- 2 theelepels zoete paprika
- 3 in blokjes gesneden tomaten
- Een snufje zout en zwarte peper
- ½ kopje gehakte peterselie

Indicaties:
1. Verhit een pan met de olie op middelhoog vuur, voeg de ui toe en fruit 5 minuten.
2. Voeg de kip toe en bak nog 5 minuten.
3. Voeg de bouillon en de rest van de ingrediënten toe, breng aan de kook en kook op middelhoog vuur nog 20 minuten.
4. Verdeel het mengsel over borden en serveer.

Voeding: calorieën 324, vet 12,3, vezels 5, koolhydraten 33,10, eiwit 22,4

Kip Met Gember Artisjokken

Bereidingstijd: 10 minuten
Bereidingstijd: 30 minuten
Porties: 4

Ingrediënten:
- 2 kipfilets, zonder vel, zonder bot en gehalveerd
- 1 eetlepel gember, geraspt
- 1 kop ingeblikte tomaten, geen zout toegevoegd, gehakt
- 10 ons ingeblikte artisjokken, geen zout toegevoegd, uitgelekt en in vieren gedeeld
- 2 eetlepels citroensap
- 2 eetlepels olijfolie
- Een snufje zwarte peper

Indicaties:
1. Verhit een pan met de olie op middelhoog vuur, voeg de gember en artisjokken toe, meng en kook 5 minuten.
2. Voeg de kip toe en bak nog 5 minuten.
3. Voeg de rest van de ingrediënten toe, breng aan de kook en kook nog 20 minuten.
4. Verdeel alles over borden en serveer.

Voeding: calorieën 300, vet 14,5, vezels 5,3, koolhydraten 16,4, eiwit 15,1

Mix van kalkoen en peperkorrels

Bereidingstijd: 10 minuten
Bereidingstijd: 30 minuten
Porties: 4

Ingrediënten:
- ½ eetlepel zwarte peperkorrels
- 1 eetlepel olijfolie
- 1 pond kalkoenfilet, zonder vel, zonder bot en in blokjes
- 1 kop natriumarme kippenbouillon
- 3 teentjes knoflook, fijngehakt
- 2 in blokjes gesneden tomaten
- Een snufje zwarte peper
- 2 eetlepels fijngehakte lente-uitjes

Indicaties:
1. Verhit een pan met de olie op middelhoog vuur, voeg de knoflook en kalkoen toe en bak 5 minuten.
2. Voeg de peperkorrels en de rest van de ingrediënten toe, breng aan de kook en kook op middelhoog vuur gedurende 25 minuten.
3. Verdeel het mengsel over borden en serveer.

Voeding: calorieën 313, vet 13,3, vezels 7, koolhydraten 23,4, eiwit 16

Kippendijen en rozemarijngroenten

Bereidingstijd: 10 minuten
Bereidingstijd: 40 minuten
Porties: 4

Ingrediënten:
- 2 pond kipfilet, zonder vel, zonder bot en in blokjes
- 1 wortel, in blokjes
- 1 stengel bleekselderij, gehakt
- 1 in blokjes gesneden tomaat
- 2 kleine rode uien, in plakjes
- 1 courgette, in blokjes
- 2 teentjes knoflook, fijngehakt
- 1 eetlepel gehakte rozemarijn
- 2 eetlepels olijfolie
- Zwarte peper naar smaak
- ½ kopje natriumarme groentebouillon

Indicaties:
1. Verhit een pan met de olie op middelhoog vuur, voeg de uien en knoflook toe, meng en fruit 5 minuten.
2. Voeg de kip toe, bak en bruin nog 5 minuten.
3. Voeg de wortel en andere ingrediënten toe, roer, breng aan de kook en kook op middelhoog vuur gedurende 30 minuten.
4. Verdeel het mengsel over borden en serveer.

Voeding:calorieën 325, vet 22,5, vezels 6,1, koolhydraten 15,5, eiwit 33,2

Kip met wortelen en kool

Bereidingstijd: 10 minuten
Bereidingstijd: 25 minuten
Porties: 4

Ingrediënten:
- 1 pond kipfilet, zonder vel, zonder bot en in blokjes
- 2 eetlepels olijfolie
- 2 wortels, geschild en geraspt
- 1 theelepel zoete paprika
- ½ kopje natriumarme groentebouillon
- 1 krop rode kool, versnipperd
- 1 gele ui, gesnipperd
- Zwarte peper naar smaak

Indicaties:
1. Verhit een pan met de olie op middelhoog vuur, voeg de ui toe, meng en fruit 5 minuten.
2. Voeg het vlees toe en bak het nog 5 minuten bruin.
3. Voeg de wortels en andere ingrediënten toe, roer, breng aan de kook en kook op middelhoog vuur gedurende 15 minuten.
4. Verdeel alles over borden en serveer.

Voeding: calorieën 370, vet 22,2, vezels 5,2, koolhydraten 44,2, eiwit 24,2

Broodje aubergine en kalkoen

Bereidingstijd: 10 minuten
Bereidingstijd: 25 minuten
Porties: 4

Ingrediënten:
- 1 kalkoenfilet, zonder vel, uitgebeend en in 4 stukken gesneden
- 1 aubergine, in 4 plakken gesneden
- Zwarte peper naar smaak
- 1 eetlepel olijfolie
- 1 eetlepel oregano, fijngehakt
- ½ kopje natriumarme tomatensaus
- ½ kopje magere cheddarkaas, versnipperd
- 4 sneetjes volkorenbrood

Indicaties:
1. Verhit een grill op middelhoog vuur, voeg de plakjes kalkoen toe, besprenkel met de helft van de olie, bestrooi met zwarte peper, kook 8 minuten per kant en leg op een schaal.
2. Schik de aubergineplakken op de hete grill, besprenkel ze met de rest van de olie, breng op smaak met zwarte peper, bak ze 4 minuten per kant en leg ze op het bord met de kalkoenplakken.
3. Schik 2 sneetjes brood op een werkvlak, verdeel de kaas erover, verdeel de plakjes aubergine en kalkoen over elk, bestrooi met de oregano, besprenkel met de saus en bedek met de andere 2 sneetjes brood.
4. Verdeel de sandwiches over de borden en serveer.

Voeding: calorieën 280, vet 12,2, vezels 6, koolhydraten 14, eiwit 12

Simpele tortilla's met kalkoen en courgette

Bereidingstijd: 10 minuten
Bereidingstijd: 20 minuten
Porties: 4

Ingrediënten:
- 4 volkoren tortilla's
- ½ kopje magere yoghurt
- 1 pond kalkoen, borst, zonder vel, zonder bot en in reepjes gesneden
- 1 eetlepel olijfolie
- 1 rode ui, in plakjes
- 1 courgette, in blokjes
- 2 in blokjes gesneden tomaten
- Zwarte peper naar smaak

Indicaties:
1. Verhit een pan met de olie op middelhoog vuur, voeg de ui toe, meng en fruit 5 minuten.
2. Voeg de courgettes en tomaten toe, roer en kook nog 2 minuten.
3. Voeg het kalkoenvlees toe, roer en kook nog eens 13 minuten.
4. Verdeel de yoghurt over elke tortilla, voeg de verdeelde mix van kalkoen en courgette toe, rol op, verdeel over borden en serveer.

Voeding: calorieën 290, vet 13,4, vezels 3,42, koolhydraten 12,5, eiwit 6,9

Kip met paprika en aubergine pan

Bereidingstijd: 10 minuten
Bereidingstijd: 25 minuten
Porties: 4

Ingrediënten:
- 2 kipfilets, zonder vel, zonder bot en in blokjes
- 1 rode ui, gesnipperd
- 2 eetlepels olijfolie
- 1 in blokjes gesneden aubergine
- 1 rode paprika, in blokjes
- 1 gele paprika, in blokjes
- Zwarte peper naar smaak
- 2 kopjes kokosmelk

Indicaties:
4. Verhit een pan met de olie op middelhoog vuur, voeg de ui toe, roer en bak 3 minuten.
5. Voeg de paprika's toe, roer en kook nog 2 minuten.
6. Voeg de kip en andere ingrediënten toe, roer, breng aan de kook en kook op middelhoog vuur nog 20 minuten.
7. Verdeel alles over borden en serveer.

Voeding: calorieën 310, vet 14,7, vezels 4, koolhydraten 14,5, eiwit 12,6

Balsamico Gebakken Kalkoen

Bereidingstijd: 10 minuten
Bereidingstijd: 40 minuten
Porties: 4

Ingrediënten:
- 1 grote kalkoenfilet, zonder vel, uitgebeend en in plakjes
- 2 eetlepels balsamicoazijn
- 1 eetlepel olijfolie
- 2 teentjes knoflook, fijngehakt
- 1 eetlepel Italiaanse kruiden
- Zwarte peper naar smaak
- 1 eetlepel gehakte koriander

Indicaties:
1. Meng de kalkoen in een ovenschaal met de azijn, olie en andere ingrediënten, meng, plaats in de oven op 400 graden en kook gedurende 40 minuten.
2. Verdeel over de borden en serveer met een salade erbij.

Voeding: calorieën 280, vet 12,7, vezels 3, koolhydraten 22,1, eiwit 14

Cheddar kaas kalkoenmix

Bereidingstijd: 10 minuten
Bereidingstijd: 1 uur
Porties: 4

Ingrediënten:
- 1 pond kalkoenfilet, zonder vel, zonder bot en in plakjes
- 2 eetlepels olijfolie
- 1 kop ingeblikte tomaten, geen zout toegevoegd, gehakt
- Zwarte peper naar smaak
- 1 kopje magere cheddarkaas, versnipperd
- 2 eetlepels gehakte peterselie

Indicaties:
1. Vet een braadpan in met de olie, schik de kalkoenplakjes in de braadpan, verdeel de tomaten erover, breng op smaak met zwarte peper, bestrooi met kaas en peterselie, plaats in de oven op 400 graden en bak gedurende 1 uur.
2. Verdeel alles over borden en serveer.

Voeding: calorieën 350, vet 13,1, vezels 4, koolhydraten 32,4, eiwit 14,65

Parmezaanse Turkije

Bereidingstijd: 10 minuten
Bereidingstijd: 23 minuten
Porties: 4

Ingrediënten:
- 1 pond kalkoenfilet, zonder vel, zonder bot en in blokjes
- 1 eetlepel olijfolie
- ½ kopje magere Parmezaanse kaas, geraspt
- 2 sjalotten, fijngehakt
- 1 kopje kokosmelk
- Zwarte peper naar smaak

Indicaties:
1. Verhit een pan met de olie op middelhoog vuur, voeg de sjalotjes toe, roer en laat 5 minuten bakken.
2. Voeg het vlees, de kokosmelk en de zwarte peper toe, roer en kook nog 15 minuten op middelhoog vuur.
3. Voeg de Parmezaanse kaas toe, kook 2-3 minuten, verdeel over de borden en serveer.

Voeding: calorieën 320, vet 11,4, vezels 3,5, koolhydraten 14,3, eiwit 11,3

Romige mix van kip en garnalen

Bereidingstijd: 10 minuten
Bereidingstijd: 14 minuten
Porties: 4

Ingrediënten:
- 1 eetlepel olijfolie
- 1 pond kipfilet, zonder vel, zonder bot en in blokjes
- ¼ kopje natriumarme kippenbouillon
- 1 pond garnalen, gepeld en schoongemaakt
- ½ kopje kokosroom
- 1 eetlepel gehakte koriander

Indicaties:
1. Verhit een pan met de olie op middelhoog vuur, voeg de kip toe, roer en bak 8 minuten.
2. Voeg de garnalen en andere ingrediënten toe, roer, kook nog 6 minuten, verdeel in kommen en serveer.

Voeding: calorieën 370, vet 12,3, vezels 5,2, koolhydraten 12,6, eiwit 8

Mix van kalkoen met basilicum en pittige asperges

Bereidingstijd: 10 minuten
Bereidingstijd: 40 minuten
Porties: 4

Ingrediënten:
- 1 pond kalkoenfilet, zonder vel en in reepjes gesneden
- 1 kopje kokosroom
- 1 kop natriumarme kippenbouillon
- 2 eetlepels gehakte peterselie
- 1 bosje asperges, geschild en gehalveerd
- 1 theelepel chilipoeder
- 2 eetlepels olijfolie
- Een snufje zeezout en zwarte peper

Indicaties:
1. Verhit een koekenpan met de olie op middelhoog vuur, voeg de kalkoen en wat zwarte peper toe, roer en bak 5 minuten.
2. Voeg de asperges, chilipoeder en andere ingrediënten toe, roer, breng aan de kook en kook op middelhoog vuur nog 30 minuten.
3. Verdeel alles over borden en serveer.

Voeding: calorieën 290, vet 12.10, vezels 4.6, koolhydraten 12.7, eiwit 24

Cashew Türkiye Medley

Bereidingstijd: 10 minuten
Bereidingstijd: 40 minuten
Porties: 4

Ingrediënten:
- 1 pond kalkoenfilet, zonder vel, zonder bot en in blokjes
- 1 kopje cashewnoten, gehakt
- 1 gele ui, gesnipperd
- ½ eetlepel olijfolie
- Zwarte peper naar smaak
- ½ theelepel zoete paprika
- 2 en een halve eetlepel cashewboter
- ¼ kopje natriumarme kippenbouillon
- 1 eetlepel gehakte koriander

Indicaties:
1. Verhit een pan met de olie op middelhoog vuur, voeg de ui toe, roer en fruit 5 minuten.
2. Voeg het vlees toe en bak het nog 5 minuten bruin.
3. Voeg de rest van de ingrediënten toe, roer, breng aan de kook en kook op middelhoog vuur gedurende 30 minuten.
4. Verdeel de hele mix over borden en serveer.

Voeding: calorieën 352, vet 12,7, vezels 6,2, koolhydraten 33,2, eiwit 13,5

Turkije en bessen

Bereidingstijd: 10 minuten
Bereidingstijd: 35 minuten
Porties: 4

Ingrediënten:

- 2 pond kalkoenfilet, zonder vel, zonder bot en in blokjes
- 1 eetlepel olijfolie
- 1 rode ui, gesnipperd
- 1 kopje veenbessen
- 1 kop natriumarme kippenbouillon
- ¼ kopje koriander, gehakt
- Zwarte peper naar smaak

Indicaties:

1. Verhit een pan met de olie op middelhoog vuur, voeg de ui toe, roer en fruit 5 minuten.
2. Voeg het vlees, de bessen en andere ingrediënten toe, breng aan de kook en kook nog eens 30 minuten op middelhoog vuur.
3. Verdeel het mengsel over borden en serveer.

Voeding: calorieën 293, vet 7,3, vezels 2,8, koolhydraten 14,7, eiwit 39,3

Kipfilet met vijf kruiden

Bereidingstijd: 5 minuten
Bereidingstijd: 35 minuten
Porties: 4

Ingrediënten:
- 1 kop tomaten, geplet
- 1 theelepel vijf kruiden
- 2 halve kipfilet, zonder vel, zonder bot en gehalveerd
- 1 eetlepel avocado-olie
- 2 eetlepels kokosamino's
- Zwarte peper naar smaak
- 1 eetlepel peper
- 1 eetlepel gehakte koriander

Indicaties:
1. Verhit een pan met de olie op middelhoog vuur, voeg het vlees toe en bak het 2 minuten aan elke kant.
2. Voeg de tomaten, five spice en andere ingrediënten toe, breng aan de kook en kook op middelhoog vuur gedurende 30 minuten.
3. Verdeel de hele mix over borden en serveer.

Voeding: calorieën 244, vet 8,4, vezels 1,1, koolhydraten 4,5, eiwit 31

Kalkoen Met Gekruide Groenten

Bereidingstijd: 10 minuten
Bereidingstijd: 17 minuten
Porties: 4

Ingrediënten:
- 1 pond kalkoenfilet, zonder bot, zonder vel en in blokjes
- 1 kopje mosterd
- 1 theelepel nootmuskaat, gemalen
- 1 theelepel piment, gemalen
- 1 gele ui, gesnipperd
- Zwarte peper naar smaak
- 1 eetlepel olijfolie

Indicaties:
1. Verhit een pan met de olie op middelhoog vuur, voeg de ui en het vlees toe en fruit 5 minuten.
2. Voeg de rest van de ingrediënten toe, roer, kook nog 12 minuten op middelhoog vuur, verdeel over de borden en serveer.

Voeding: calorieën 270, vet 8,4, vezels 8,32, koolhydraten 33,3, eiwit 9

Kip En Chili Champignons

Bereidingstijd: 10 minuten
Bereidingstijd: 20 minuten
Porties: 4

Ingrediënten:
- 2 kipfilets, zonder vel, zonder bot en gehalveerd
- ½ pond witte champignons, gehalveerd
- 1 eetlepel olijfolie
- 1 kop ingeblikte tomaten, geen zout toegevoegd, gehakt
- 2 eetlepels gemalen amandelen
- 2 eetlepels olijfolie
- ½ theelepel chilivlokken
- Zwarte peper naar smaak

Indicaties:
1. Verhit een pan met de olie op middelhoog vuur, voeg de champignons toe, roer en bak 5 minuten.
2. Voeg het vlees toe, roer en kook nog 5 minuten.
3. Voeg de tomaten en andere ingrediënten toe, breng aan de kook en kook op middelhoog vuur gedurende 10 minuten.
4. Verdeel het mengsel over borden en serveer.

Voeding: calorieën 320, vet 12,2, vezels 5,3, koolhydraten 33,3, eiwit 15

Chili Kip En Tomaten Artisjokken

Bereidingstijd: 10 minuten
Bereidingstijd: 20 minuten
Porties: 4

Ingrediënten:
- 2 rode pepers, fijngehakt
- 1 eetlepel olijfolie
- 1 gele ui, gesnipperd
- 1 pond kipfilets, zonder vel, zonder bot en in blokjes
- 1 kop tomaten, geplet
- 10 ons ingeblikte artisjokharten, uitgelekt en in vieren gedeeld
- Zwarte peper naar smaak
- ½ kopje natriumarme kippenbouillon
- 2 eetlepels limoensap

Indicaties:
1. Verhit een pan met de olie op middelhoog vuur, voeg de ui en pepers toe, mix en bak ze 5 minuten.
2. Voeg het vlees toe, roer en bak nog 5 minuten.
3. Voeg de rest van de ingrediënten toe, breng aan de kook op middelhoog vuur en kook gedurende 10 minuten.
4. Verdeel het mengsel over borden en serveer.

Voeding: calorieën 280, vet 11,3, vezels 5, koolhydraten 14,5, eiwit 13,5

Mix van kip en bieten

Bereidingstijd: 10 minuten
Bereidingstijd: 0 minuten
Porties: 4

Ingrediënten:
- 1 wortel, versnipperd
- 2 bieten, geschild en versnipperd
- ½ kopje avocadomayonaise
- 1 kopje gerookte, zonder vel, zonder botten, gekookte en geraspte kippenborst
- 1 theelepel gehakte bieslook

Indicaties:
1. Meng in een kom de kip met de bieten en de overige ingrediënten, meng en serveer direct.

Voeding:calorieën 288, vet 24,6, vezels 1,4, koolhydraten 6,5, eiwit 14

Kalkoen Met Selderiesalade

Bereidingstijd: 4 minuten
Bereidingstijd: 0 minuten
Porties: 4

Ingrediënten:
- 2 kopjes kalkoenfilet, zonder vel, zonder bot, gekookt en versnipperd
- 1 kop stengels bleekselderij, gehakt
- 2 lente-uitjes, gesnipperd
- 1 kopje zwarte olijven, ontpit en gehalveerd
- 1 eetlepel olijfolie
- 1 theelepel limoensap
- 1 kopje magere yoghurt

Indicaties:
1. Meng de kalkoen met de bleekselderij en de andere ingrediënten in een kom, meng en serveer koud.

Voeding: calorieën 157, vet 8, vezels 2, koolhydraten 10,8, eiwit 11,5

Mix van kippenpoten en druiven

Bereidingstijd: 10 minuten
Bereidingstijd: 40 minuten
Porties: 4

Ingrediënten:
- 1 wortel, in blokjes
- 1 gele ui, in plakjes
- 1 eetlepel olijfolie
- 1 kop tomaten, in blokjes
- ¼ kopje natriumarme kippenbouillon
- 2 teentjes knoflook, fijngehakt
- 1 pond kippendijen, zonder vel en zonder bot
- 1 kopje groene druiven
- Zwarte peper naar smaak

Indicaties:
1. Vet een pan in met olie, leg de kippenpoten erin en voeg de overige ingrediënten toe.
2. Bak gedurende 40 minuten op 390 graden, verdeel over borden en serveer.

Voeding: calorieën 289, vet 12,1, vezels 1,7, koolhydraten 10,3, eiwit 33,9

Kalkoen en Citroengerst

Bereidingstijd: 5 minuten
Bereidingstijd: 55 minuten
Porties: 4

Ingrediënten:
- 1 eetlepel olijfolie
- 1 kalkoenfilet, zonder vel, uitgebeend en in plakjes
- Zwarte peper naar smaak
- 2 stengels bleekselderij, fijngehakt
- 1 rode ui, gesnipperd
- 2 kopjes natriumarme kippenbouillon
- ½ kopje gerst
- 1 theelepel geraspte citroenschil
- 1 eetlepel citroensap
- 1 eetlepel gehakte bieslook

Indicaties:
1. Verhit een pan met de olie op middelhoog vuur, voeg het vlees en de ui toe, roer en fruit 5 minuten.
2. Voeg bleekselderij en overige ingrediënten toe, roer, breng aan de kook, zet het vuur laag, laat 50 minuten sudderen, verdeel in kommen en serveer.

Voeding: Calorieën 150, vet 4,5, vezels 4,9, koolhydraten 20,8, eiwit 7,5

Kalkoen met bieten en radijs mix

Bereidingstijd: 10 minuten
Bereidingstijd: 35 minuten
Porties: 4

Ingrediënten:
- 1 kalkoenfilet, zonder vel, uitgebeend en in blokjes
- 2 rode bieten, geschild en in blokjes gesneden
- 1 kop radijsjes, in blokjes
- 1 rode ui, gesnipperd
- ¼ kopje natriumarme kippenbouillon
- Zwarte peper naar smaak
- 1 eetlepel olijfolie
- 2 eetlepels gehakte bieslook

Indicaties:
1. Verhit een pan met de olie op middelhoog vuur, voeg het vlees en de ui toe, roer en fruit 5 minuten.
2. Voeg de bieten, radijzen en andere ingrediënten toe, breng aan de kook en kook op middelhoog vuur nog 30 minuten.
3. Verdeel het mengsel over borden en serveer.

Voeding: calorieën 113, vet 4,4, vezels 2,3, koolhydraten 10,4, eiwit 8,8

Knoflook varkensvlees mix

Bereidingstijd: 10 minuten
Bereidingstijd: 45 minuten
Porties: 8

Ingrediënten:
- 2 lbs varkensvlees, zonder been en in blokjes
- 1 rode ui, gesnipperd
- 1 eetlepel olijfolie
- 3 teentjes knoflook, fijngehakt
- 1 kopje natriumarme runderbouillon
- 2 eetlepels zoete paprika
- Zwarte peper naar smaak
- 1 eetlepel gehakte bieslook

Indicaties:
1. Verhit een pan met de olie op middelhoog vuur, voeg de ui en het vlees toe, meng en bak 5 minuten.
2. Voeg de rest van de ingrediënten toe, roer, zet het vuur laag tot medium, dek af en kook gedurende 40 minuten.
3. Verdeel het mengsel over borden en serveer.

Voeding: calorieën 407, vet 35,4, vezels 1, koolhydraten 5, eiwit 14,9

Paprikavarkensvlees Met Wortelen

Bereidingstijd: 10 minuten
Bereidingstijd: 30 minuten
Porties: 4

Ingrediënten:
- 1 pond gestoofd varkensvlees, in blokjes
- ¼ kopje natriumarme groentebouillon
- 2 wortels, geschild en in plakjes
- 2 eetlepels olijfolie
- 1 rode ui, in plakjes
- 2 theelepels zoete paprika
- Zwarte peper naar smaak

Indicaties:
1. Verhit een pan met de olie op middelhoog vuur, voeg de ui toe, meng en fruit 5 minuten.
2. Voeg het vlees toe, roer en bak nog 5 minuten.
3. Voeg de rest van de ingrediënten toe, breng aan de kook en kook op middelhoog vuur gedurende 20 minuten.
4. Verdeel het mengsel over borden en serveer.

Voeding: calorieën 328, vet 18,1, vezels 1,8, koolhydraten 6,4, eiwit 34

Gembervarkensvlees en uien

Bereidingstijd: 10 minuten
Bereidingstijd: 35 minuten
Porties: 4

Ingrediënten:
- 2 rode uien, in plakjes
- 2 groene uien, gehakt
- 1 eetlepel olijfolie
- 2 theelepels geraspte gember
- 4 karbonades
- 3 teentjes knoflook, fijngehakt
- Zwarte peper naar smaak
- 1 wortel, gehakt
- 1 kopje natriumarme runderbouillon
- 2 eetlepels tomatenpuree
- 1 eetlepel gehakte koriander

Indicaties:
1. Verhit een pan met de olie op middelhoog vuur, voeg de groene en rode uien toe, fruit ze en fruit ze 3 minuten.
2. Voeg de knoflook en gember toe, roer en kook nog 2 minuten.
3. Voeg de karbonades toe en bak ze 2 minuten per kant.
4. Voeg de rest van de ingrediënten toe, breng aan de kook en kook op middelhoog vuur nog 25 minuten.
5. Verdeel het mengsel over borden en serveer.

Voeding: calorieën 332, vet 23,6, vezels 2,3, koolhydraten 10,1, eiwit 19,9

Komijn varkensvlees

Bereidingstijd: 10 minuten
Bereidingstijd: 45 minuten
Porties: 4

Ingrediënten:
- ½ kopje natriumarme runderbouillon
- 2 eetlepels olijfolie
- 2 pond gestoofd varkensvlees, in blokjes
- 1 theelepel koriander, gemalen
- 2 theelepels komijn, gemalen
- Zwarte peper naar smaak
- 1 kop kerstomaatjes, gehalveerd
- 4 teentjes knoflook, fijngehakt
- 1 eetlepel gehakte koriander

Indicaties:
1. Verhit een pan met de olie op middelhoog vuur, voeg de knoflook en het vlees toe, meng en bak in 5 minuten bruin.
2. Voeg de bouillon en andere ingrediënten toe, breng aan de kook en kook op middelhoog vuur gedurende 40 minuten.
3. Verdeel alles over borden en serveer.

Voeding: calorieën 559, vet 29,3, vezels 0,7, koolhydraten 3,2, eiwit 67,4

Varkensvlees en gemengde groenten

Bereidingstijd: 10 minuten
Bereidingstijd: 20 minuten
Porties: 4

Ingrediënten:
- 2 eetlepels balsamicoazijn
- 1/3 kopje kokosamino's
- 1 eetlepel olijfolie
- 4 ons gemengde salade
- 1 kop kerstomaatjes, gehalveerd
- 4 ons gestoofd varkensvlees, in reepjes gesneden
- 1 eetlepel gehakte bieslook

Indicaties:
1. Verhit een pan met de olie op middelhoog vuur, voeg het varkensvlees, de amino's en de azijn toe, roer en kook gedurende 15 minuten.
2. Voeg de groenten en andere ingrediënten toe, roer, kook nog 5 minuten, verdeel over de borden en serveer.

Voeding: calorieën 125, vet 6,4, vezels 0,6, koolhydraten 6,8, eiwit 9,1

Tijm Varkensvlees Koekenpan

Bereidingstijd: 10 minuten
Bereidingstijd: 25 minuten
Porties: 4

Ingrediënten:
- 1 pond varkensvlees, getrimd en in blokjes
- 1 eetlepel olijfolie
- 1 gele ui, gesnipperd
- 3 teentjes knoflook, fijngehakt
- 1 eetlepel tijm, gedroogd
- 1 kop natriumarme kippenbouillon
- 2 eetlepels natriumarme tomatenpuree
- 1 eetlepel gehakte koriander

Indicaties:
1. Verhit een pan met de olie op middelhoog vuur, voeg de ui en knoflook toe, roer en bak 5 minuten.
2. Voeg het vlees toe, roer en kook nog 5 minuten.
3. Voeg de rest van de ingrediënten toe, roer, breng aan de kook, zet het vuur laag en kook het mengsel nog eens 15 minuten.
4. Verdeel het mengsel over borden en serveer direct.

Voeding: calorieën 281, vet 11,2, vezels 1,4, koolhydraten 6,8, eiwit 37,1

Marjolein Varkensvlees en Courgette

Bereidingstijd: 10 minuten
Bereidingstijd: 30 minuten
Porties: 4

Ingrediënten:
- 2 pond varkenslende zonder been, getrimd en in blokjes gesneden
- 2 eetlepels avocado-olie
- ¾ kopje natriumarme groentebouillon
- ½ el knoflookpoeder
- 1 eetlepel gehakte marjolein
- 2 courgettes, in grove blokjes
- 1 theelepel zoete paprika
- Zwarte peper naar smaak

Indicaties:
1. Verhit een pan met de olie op middelhoog vuur, voeg het vlees, knoflookpoeder en marjolein toe, roer en kook 10 minuten.
2. Voeg de courgette en andere ingrediënten toe, roer, breng aan de kook, zet het vuur laag en kook het mengsel nog 20 minuten.
3. Verdeel alles over borden en serveer.

Voeding: calorieën 359, vet 9,1, vezels 2,1, koolhydraten 5,7, eiwit 61,4

Pittig Varkensvlees

Bereidingstijd: 10 minuten
Bereidingstijd: 8 uur
Porties: 4

Ingrediënten:
- 3 eetlepels olijfolie
- 2 pond geroosterde varkensschouder
- 2 theelepels zoete paprika
- 1 theelepel knoflookpoeder
- 1 theelepel uienpoeder
- 1 theelepel nootmuskaat, gemalen
- 1 theelepel piment, gemalen
- Zwarte peper naar smaak
- 1 kopje natriumarme groentebouillon

Indicaties:
1. Combineer het gebraad in je slowcooker met de olie en andere ingrediënten, roer, doe het deksel erop en kook 8 uur op Low.
2. Snijd het gebraad in plakjes, verdeel het over de borden en serveer met het kookvocht eroverheen gedruppeld.

Voeding: calorieën 689, vet 57,1, vezels 1, koolhydraten 3,2, eiwit 38,8

Kokos Selderij Varkensvlees

Bereidingstijd: 10 minuten
Bereidingstijd: 35 minuten
Porties: 4

Ingrediënten:
- 2 pond gestoofd varkensvlees, in blokjes
- 2 eetlepels olijfolie
- 1 kopje natriumarme groentebouillon
- 1 stengel bleekselderij, gehakt
- 1 theelepel zwarte peperkorrels
- 2 sjalotten, fijngehakt
- 1 eetlepel gehakte bieslook
- 1 kopje kokosroom
- Zwarte peper naar smaak

Indicaties:
1. Verhit een pan met de olie op middelhoog vuur, voeg de sjalotten en het vlees toe, meng en fruit 5 minuten.
2. Voeg de bleekselderij en andere ingrediënten toe, roer, breng aan de kook en kook op middelhoog vuur nog eens 30 minuten.
3. Verdeel alles over borden en serveer direct.

Voeding: calorieën 690, vet 43,3, vezels 1,8, koolhydraten 5,7, eiwit 6,2

Gemengd Varkensvlees En Tomaten

Bereidingstijd: 10 minuten
Bereidingstijd: 30 minuten
Porties: 4

Ingrediënten:
- 2 teentjes knoflook, fijngehakt
- 2 lbs gestoofd varkensvlees, gehakt
- 2 kopjes kerstomaatjes, gehalveerd
- 1 eetlepel olijfolie
- Zwarte peper naar smaak
- 1 rode ui, gesnipperd
- ½ kopje natriumarme groentebouillon
- 2 eetlepels natriumarme tomatenpuree
- 1 eetlepel gehakte peterselie

Indicaties:
1. Verhit een pan met de olie op middelhoog vuur, voeg de ui en knoflook toe, meng en fruit 5 minuten.
2. Voeg het vlees toe en bak het nog 5 minuten bruin.
3. Voeg de rest van de ingrediënten toe, roer, breng aan de kook, kook op middelhoog vuur nog 20 minuten, verdeel in kommen en serveer.

Voeding:calorieën 558, vet 25,6, vezels 2,4, koolhydraten 10,1, eiwit 68,7

Salie Varkenskarbonades

Bereidingstijd: 10 minuten
Bereidingstijd: 35 minuten
Porties: 4

Ingrediënten:
- 4 karbonades
- 2 eetlepels olijfolie
- 1 theelepel gerookt paprikapoeder
- 1 eetlepel salie, gehakt
- 2 teentjes knoflook, fijngehakt
- 1 eetlepel citroensap
- Zwarte peper naar smaak

Indicaties:
1. Combineer de karbonades in een ovenschaal met de olie en de andere ingrediënten, meng, plaats in de oven en bak op 400 graden gedurende 35 minuten.
2. Verdeel de karbonades over de borden en serveer met een salade.

Voeding: calorieën 263, vet 12,4, vezels 6, koolhydraten 22,2, eiwit 16

Thais varkensvlees en aubergine

Bereidingstijd: 10 minuten
Bereidingstijd: 30 minuten
Porties: 4

Ingrediënten:
- 1 pond gestoofd varkensvlees, in blokjes
- 1 in blokjes gesneden aubergine
- 1 eetlepel kokosamino's
- 1 theelepel vijf kruiden
- 2 teentjes knoflook, fijngehakt
- 2 Thaise pepers, fijngehakt
- 2 eetlepels olijfolie
- 2 eetlepels natriumarme tomatenpuree
- 1 eetlepel gehakte koriander
- ½ kopje natriumarme groentebouillon

Indicaties:
1. Verhit een pan met de olie op middelhoog vuur, voeg de knoflook, chilipepers en het rundvlees toe en bak 6 minuten.
2. Voeg de aubergine en andere ingrediënten toe, breng aan de kook en kook op middelhoog vuur gedurende 24 minuten.
3. Verdeel het mengsel over borden en serveer.

Voeding: calorieën 320, vet 13,4, vezels 5,2, koolhydraten 22,8, eiwit 14

Varkensvlees sjalotjes en limoen

Bereidingstijd: 10 minuten
Bereidingstijd: 30 minuten
Porties: 4

Ingrediënten:
- 2 eetlepels limoensap
- 4 sjalotjes, fijngehakt
- 1 pond gestoofd varkensvlees, in blokjes
- 2 teentjes knoflook, fijngehakt
- 2 eetlepels olijfolie
- Zwarte peper naar smaak
- ½ kopje natriumarme groentebouillon
- 1 eetlepel gehakte koriander

Indicaties:
1. Verhit een pan met de olie op middelhoog vuur, voeg de sjalotten en knoflook toe, roer en bak 5 minuten.
2. Voeg het vlees toe, roer en kook nog 5 minuten.
3. Voeg de rest van de ingrediënten toe, breng aan de kook en kook op middelhoog vuur gedurende 20 minuten.
4. Verdeel het mengsel over borden en serveer.

Voeding: calorieën 273, vet 22,4, vezels 5, koolhydraten 12,5, eiwit 18

Balsamico Azijn Varkensvlees

Bereidingstijd: 10 minuten
Bereidingstijd: 30 minuten
Porties: 4

Ingrediënten:
- 1 rode ui, in plakjes
- 1 pond gestoofd varkensvlees, in blokjes
- 2 rode pepers, fijngehakt
- 2 eetlepels balsamicoazijn
- ½ kopje gehakte korianderblaadjes
- Zwarte peper naar smaak
- 2 eetlepels olijfolie
- 1 eetlepel natriumarme tomatensaus

Indicaties:
1. Verhit een pan met de olie op middelhoog vuur, voeg de ui en pepers toe, roer en bak 5 minuten.
2. Voeg het vlees toe, roer en kook nog 5 minuten.
3. Voeg de rest van de ingrediënten toe, roer, breng aan de kook en kook op middelhoog vuur nog 20 minuten.
4. Verdeel alles over borden en serveer direct.

Voeding: calorieën 331, vet 13,3, vezels 5, koolhydraten 22,7, eiwit 17

Varkensvlees met pesto

Bereidingstijd: 10 minuten
Bereidingstijd: 36 minuten
Porties: 4

Ingrediënten:

- 2 eetlepels olijfolie
- 2 lente-uitjes, gesnipperd
- 1 pond varkenskarbonades
- 2 eetlepels basilicumpesto
- 1 kop kerstomaatjes, in blokjes
- 2 eetlepels natriumarme tomatenpuree
- ½ kopje gehakte peterselie
- ½ kopje natriumarme groentebouillon
- Zwarte peper naar smaak

Indicaties:

1. Verhit een koekenpan met de olijfolie op middelhoog vuur, voeg de lente-uitjes en karbonades toe en bak 3 minuten per kant.
2. Voeg de pesto en andere ingrediënten toe, meng voorzichtig, breng aan de kook en kook op middelhoog vuur nog 30 minuten.
3. Verdeel alles over borden en serveer.

Voeding: calorieën 293, vet 11,3, vezels 4,2, koolhydraten 22,2, eiwit 14

Varkensvlees Met Paprika En Peterselie

Bereidingstijd: 10 minuten
Bereidingstijd: 1 uur
Porties: 4

Ingrediënten:
- 1 groene paprika, gehakt
- 1 rode paprika, gehakt
- 1 gele paprika, gehakt
- 1 rode ui, gesnipperd
- 1 pond varkenskarbonades
- 1 eetlepel olijfolie
- Zwarte peper naar smaak
- 26 ons ingeblikte tomaten, zonder toegevoegd zout en gehakt
- 2 eetlepels gehakte peterselie

Indicaties:
1. Vet een pan in met olie, schik de karbonades en leg de overige ingrediënten erop.
2. Bak gedurende 1 uur op 390 graden, verdeel over borden en serveer.

Voeding: calorieën 284, vet 11,6, vezels 2,6, koolhydraten 22,2, eiwit 14

Komijn lamsmix

Bereidingstijd: 10 minuten
Bereidingstijd: 25 minuten
Porties: 4

Ingrediënten:
- 1 eetlepel olijfolie
- 1 rode ui, gesnipperd
- 1 kop kerstomaatjes, gehalveerd
- 1 pond lamsstoofvlees, gehakt
- 1 eetlepel chilipoeder
- Zwarte peper naar smaak
- 2 theelepels komijn, gemalen
- 1 kopje natriumarme groentebouillon
- 2 eetlepels gehakte koriander

Indicaties:
1. Verhit een pan met de olie op middelhoog vuur, voeg de ui, het lamsvlees en de chilipoeder toe, roer en kook gedurende 10 minuten.
2. Voeg de rest van de ingrediënten toe, meng en kook nog 15 minuten op middelhoog vuur.
3. Verdeel over kommen en serveer.

Voeding: calorieën 320, vet 12,7, vezels 6, koolhydraten 14,3, eiwit 22

Varkensvlees Met Radijs En Sperziebonen

Bereidingstijd: 10 minuten
Bereidingstijd: 35 minuten
Porties: 4

Ingrediënten:
- 1 pond gestoofd varkensvlees, in blokjes
- 1 kop radijsjes, in blokjes
- 1/2 lb sperziebonen, geschild en gehalveerd
- 1 gele ui, gesnipperd
- 1 eetlepel olijfolie
- 2 teentjes knoflook, fijngehakt
- 1 kop ingeblikte tomaten, zonder toegevoegd zout en gehakt
- 2 theelepels gedroogde oregano
- Zwarte peper naar smaak

Indicaties:
1. Verhit een pan met de olie op middelhoog vuur, voeg de ui en knoflook toe, roer en bak 5 minuten.
2. Voeg het vlees toe, roer en kook nog 5 minuten.
3. Voeg de rest van de ingrediënten toe, breng aan de kook en kook op middelhoog vuur gedurende 25 minuten.
4. Verdeel over kommen en serveer.

Voeding: calorieën 289, vet 12, vezels 8, koolhydraten 13,2, eiwit 20

Venkel Lam en Champignons

Bereidingstijd: 10 minuten
Bereidingstijd: 40 minuten
Porties: 4

Ingrediënten:
- 1 pond lamsschouder, uitgebeend en in blokjes
- 8 witte champignons, gehalveerd
- 2 eetlepels olijfolie
- 1 gele ui, gesnipperd
- 2 teentjes knoflook, fijngehakt
- 1 en een halve eetlepel venkelpoeder
- Zwarte peper naar smaak
- Een handvol sjalotten, gesnipperd
- 1 kopje natriumarme groentebouillon

Indicaties:
1. Verhit een pan met de olie op middelhoog vuur, voeg de ui en knoflook toe, roer en bak 5 minuten.
2. Voeg het vlees en de champignons toe, roer en kook nog 5 minuten.
3. Voeg de andere ingrediënten toe, roer, breng aan de kook en kook op middelhoog vuur gedurende 30 minuten.
4. Verdeel het mengsel in kommen en serveer.

Voeding: calorieën 290, vet 15,3, vezels 7, koolhydraten 14,9, eiwit 14

Koekenpan van varkensvlees en spinazie

Bereidingstijd: 10 minuten
Bereidingstijd: 30 minuten
Porties: 4

Ingrediënten:
- 1 pond varkensvlees, gemalen
- 2 eetlepels olijfolie
- 1 rode ui, gesnipperd
- ½ pond babyspinazie
- 4 teentjes knoflook, fijngehakt
- ½ kopje natriumarme groentebouillon
- ½ kopje ingeblikte tomaten, geen zout toegevoegd, gehakt
- Zwarte peper naar smaak
- 1 eetlepel gehakte bieslook

Indicaties:
1. Verhit een pan met de olie op middelhoog vuur, voeg de ui en knoflook toe, roer en bak 5 minuten.
2. Voeg het vlees toe, roer en bak nog 5 minuten.
3. Voeg de rest van de ingrediënten behalve de spinazie toe, roer, breng aan de kook, zet het vuur laag en kook gedurende 15 minuten.
4. Voeg de spinazie toe, roer, kook het mengsel nog 5 minuten, verdeel in kommen en serveer.

Voeding:calorieën 270, vet 12, vezels 6, koolhydraten 22,2, eiwit 23

Varkensvlees Met Avocado

Bereidingstijd: 10 minuten
Bereidingstijd: 15 minuten
Porties: 4

Ingrediënten:
- 2 kopjes babyspinazie
- 1 pond varkenssteak, in reepjes gesneden
- 1 eetlepel olijfolie
- 1 kop kerstomaatjes, gehalveerd
- 2 avocado's, geschild, ontpit en in partjes gesneden
- 1 eetlepel balsamicoazijn
- ½ kopje natriumarme groentebouillon

Indicaties:
1. Verhit een pan met de olie op middelhoog vuur, voeg het vlees toe, roer en kook gedurende 10 minuten.
2. Voeg de spinazie en andere ingrediënten toe, roer, kook nog 5 minuten, verdeel in kommen en serveer.

Voeding: calorieën 390, vet 12,5, vezels 4, koolhydraten 16,8, eiwit 13,5

Gemengd varkensvlees en appels

Bereidingstijd: 10 minuten
Bereidingstijd: 40 minuten
Porties: 4

Ingrediënten:
- 2 pond gestoofd varkensvlees, in reepjes gesneden
- 2 groene appels, klokhuis verwijderd en in partjes gesneden
- 2 teentjes knoflook, fijngehakt
- 2 sjalotten, fijngehakt
- 1 eetlepel zoete paprika
- ½ theelepel chilipoeder
- 2 eetlepels avocado-olie
- 1 kop natriumarme kippenbouillon
- Zwarte peper naar smaak
- Een snufje rode chilivlokken

Indicaties:
1. Verhit een pan met de olie op middelhoog vuur, voeg de sjalotten en knoflook toe, roer en fruit 5 minuten.
2. Voeg het vlees toe en bak nog 5 minuten.
3. Voeg de appels en andere ingrediënten toe, roer, breng aan de kook en kook op middelhoog vuur nog 30 minuten.
4. Verdeel alles over borden en serveer.

Voeding: calorieën 365, vet 7, vezels 6, koolhydraten 15,6, eiwit 32,4

Kaneel Varkensribbetjes

Bereidingstijd: 10 minuten
Kooktijd: 1 uur en 10 minuten
Porties: 4

Ingrediënten:
- 4 karbonades
- 2 eetlepels olijfolie
- 2 teentjes knoflook, fijngehakt
- ¼ kopje natriumarme groentebouillon
- 1 eetlepel gemalen kaneel
- Zwarte peper naar smaak
- 1 theelepel chilipoeder
- ½ theelepel uienpoeder

Indicaties:
1. Combineer de varkensribbetjes in een braadpan met de olie en de andere ingrediënten, meng, plaats in de oven en bak op 390 graden gedurende 1 uur en 10 minuten.
2. Verdeel de karbonades over de borden en serveer met een salade.

Voeding: calorieën 288, vet 5,5, vezels 6, koolhydraten 12,7, eiwit 23

Kokos Varkensribbetjes

Bereidingstijd: 10 minuten
Bereidingstijd: 20 minuten
Porties: 4

Ingrediënten:
- 2 eetlepels olijfolie
- 4 karbonades
- 1 gele ui, gesnipperd
- 1 eetlepel chilipoeder
- 1 kopje kokosmelk
- ¼ kopje koriander, gehakt

Indicaties:
1. Verhit een pan met de olie op middelhoog vuur, voeg de ui en het chilipoeder toe, roer en fruit 5 minuten.
2. Voeg de karbonades toe en bak ze 2 minuten per kant.
3. Voeg de kokosmelk toe, roer, breng aan de kook en kook op middelhoog vuur nog 11 minuten.
4. Voeg de koriander toe, meng, verdeel in kommen en serveer.

Voeding:calorieën 310, vet 8, vezels 6, koolhydraten 16,7, eiwit 22,1

Gemengd Varkensvlees Met Perziken

Bereidingstijd: 10 minuten
Bereidingstijd: 25 minuten
Porties: 4

Ingrediënten:
- 2 pond varkenshaas, in grove blokjes
- 2 perziken, ontpit en in vieren gesneden
- ¼ theelepel uienpoeder
- 2 eetlepels olijfolie
- ¼ theelepel gerookt paprikapoeder
- ¼ kopje natriumarme groentebouillon
- Zwarte peper naar smaak

Indicaties:
1. Verhit een pan met de olie op middelhoog vuur, voeg het vlees toe, roer en kook gedurende 10 minuten.
2. Voeg de perziken en andere ingrediënten toe, roer, breng aan de kook en kook op middelhoog vuur nog 15 minuten.
3. Verdeel de hele mix over borden en serveer.

Voeding: calorieën 290, vet 11,8, vezels 5,4, koolhydraten 13,7, eiwit 24

Lamsvlees en radijs met cacao

Bereidingstijd: 10 minuten
Bereidingstijd: 35 minuten
Porties: 4

Ingrediënten:
- ½ kopje natriumarme groentebouillon
- 1 pond lamsstoofpot, in blokjes
- 1 kop radijsjes, in blokjes
- 1 eetlepel cacaopoeder
- Zwarte peper naar smaak
- 1 gele ui, gesnipperd
- 1 eetlepel olijfolie
- 2 teentjes knoflook, fijngehakt
- 1 eetlepel gehakte peterselie

Indicaties:
1. Verhit een pan met de olie op middelhoog vuur, voeg de ui en knoflook toe, roer en bak 5 minuten.
2. Voeg het vlees toe, roer en bak 2 minuten per kant.
3. Voeg de bouillon en andere ingrediënten toe, roer, breng aan de kook en kook op middelhoog vuur nog 25 minuten.
4. Verdeel alles over borden en serveer.

Voeding: calorieën 340, vet 12,4, vezels 9,3, koolhydraten 33,14, eiwit 20

Varkensvlees Met Citroen En Artisjokken

Bereidingstijd: 10 minuten
Bereidingstijd: 25 minuten
Porties: 4

Ingrediënten:

- 2 pond gestoofd varkensvlees, in reepjes gesneden
- 2 eetlepels avocado-olie
- 1 eetlepel citroensap
- 1 eetlepel geraspte citroenschil
- 1 kop ingeblikte artisjokken, uitgelekt en in vieren gedeeld
- 1 rode ui, gesnipperd
- 2 teentjes knoflook, fijngehakt
- ½ theelepel chilipoeder
- Zwarte peper naar smaak
- 1 theelepel zoete paprika
- 1 jalapeno, gehakt
- ¼ kopje natriumarme groentebouillon
- ¼ kopje gehakte rozemarijn

Indicaties:

1. Verhit een pan met de olie op middelhoog vuur, voeg de ui en knoflook toe, roer om en fruit 4 minuten.
2. Voeg het rundvlees, artisjokken, chilipoeder, jalapeño en paprika toe, roer en kook nog 6 minuten.
3. Voeg de rest van de ingrediënten toe, roer, breng aan de kook en kook op middelhoog vuur nog 15 minuten.
4. Verdeel het hele mengsel in kommen en serveer.

Voeding: calorieën 350, vet 12, vezels 4,3, koolhydraten 35,7, eiwit 14,5

Varkensvlees Met Koriandersaus

Bereidingstijd: 10 minuten
Bereidingstijd: 20 minuten
Porties: 4

Ingrediënten:

- 2 pond gestoofd varkensvlees, in grove blokjes
- 1 kopje korianderblaadjes
- 4 eetlepels olijfolie
- 1 eetlepel pijnboompitten
- 1 eetlepel vetvrije Parmezaanse kaas, geraspt
- 1 eetlepel citroensap
- 1 theelepel chilipoeder
- Zwarte peper naar smaak

Indicaties:

1. Combineer in een blender de koriander met de pijnboompitten, 3 eetlepels olie, de Parmezaanse kaas en het citroensap en mix goed.
2. Verhit een pan met de resterende olie op middelhoog vuur, voeg het vlees, de chilipoeder en de zwarte peper toe, roer en bak 5 minuten.
3. Voeg de koriandersaus toe en kook nog 15 minuten op middelhoog vuur, af en toe roerend.
4. Verdeel het varkensvlees over de borden en serveer direct.

Voeding: calorieën 270, vet 6,6, vezels 7, koolhydraten 12,6, eiwit 22,4

Varkensvlees Met Mango Mix

Bereidingstijd: 10 minuten
Bereidingstijd: 25 minuten
Porties: 4

Ingrediënten:

- 2 sjalotten, fijngehakt
- 2 eetlepels avocado-olie
- 1 pond gestoofd varkensvlees, in blokjes
- 1 mango, geschild en grof gesneden
- 2 teentjes knoflook, fijngehakt
- 1 kop tomaten en gehakt
- Zwarte peper naar smaak
- ½ kopje gehakte basilicum

Indicaties:

1. Verhit een pan met de olie op middelhoog vuur, voeg de sjalotten en knoflook toe, roer en bak 5 minuten.
2. Voeg het vlees toe, roer en kook nog 5 minuten.
3. Voeg de rest van de ingrediënten toe, roer, breng aan de kook en kook op middelhoog vuur nog 15 minuten.
4. Verdeel het mengsel in kommen en serveer.

Voeding: calorieën 361, vet 11, vezels 5.1, koolhydraten 16.8, eiwit 22

Rozemarijn Varkensvlees en Citroen Zoete Aardappelen

Bereidingstijd: 10 minuten
Bereidingstijd: 35 minuten
Porties: 4

Ingrediënten:
- 1 rode ui, in partjes gesneden
- 2 zoete aardappelen, geschild en in partjes gesneden
- 4 karbonades
- 1 eetlepel gehakte rozemarijn
- 1 eetlepel citroensap
- 2 theelepels olijfolie
- Zwarte peper naar smaak
- 2 theelepels tijm, fijngehakt
- ½ kopje natriumarme groentebouillon

Indicaties:
1. Combineer de karbonades in een pan met de aardappelen, ui en andere ingrediënten en meng voorzichtig.
2. Bak 35 minuten op 400 graden, verdeel over borden en serveer.

Voeding: calorieën 410, vet 14,7, vezels 14,2, koolhydraten 15,3, eiwit 33,4

Varkensvlees Met Kikkererwten

Bereidingstijd: 10 minuten
Bereidingstijd: 25 minuten
Porties: 4

Ingrediënten:
- 1 pond gestoofd varkensvlees, in blokjes
- 1 kop kikkererwten uit blik, zonder zout toegevoegd, uitgelekt
- 1 gele ui, gesnipperd
- 1 eetlepel olijfolie
- Zwarte peper naar smaak
- 10 ons ingeblikte tomaten, geen zout toegevoegd en gehakt
- 2 eetlepels gehakte koriander

Indicaties:
1. Verhit een pan met de olie op middelhoog vuur, voeg de ui toe, fruit en fruit 5 minuten.
2. Voeg het vlees toe, roer en kook nog 5 minuten.
3. Voeg de rest van de ingrediënten toe, roer, kook op middelhoog vuur gedurende 15 minuten, verdeel in kommen en serveer.

Voeding: calorieën 476, vet 17,6, vezels 10,2, koolhydraten 35,7, eiwit 43,8

Lamskoteletjes met boerenkool

Bereidingstijd: 10 minuten
Bereidingstijd: 35 minuten
Porties: 4

Ingrediënten:
- 1 kopje boerenkool, versnipperd
- 1 pond lamskoteletjes
- ½ kopje natriumarme groentebouillon
- 2 eetlepels natriumarme tomatenpuree
- 1 gele ui, in plakjes
- 1 eetlepel olijfolie
- Een snufje zwarte peper

Indicaties:
1. Vet een pan in met olie, leg de lamskoteletjes erin, voeg de zwarte kool en de overige ingrediënten toe en meng voorzichtig.
2. Bak alles 35 minuten op 390 graden, verdeel over borden en serveer.

Voeding: calorieën 275, vet 11,8, vezels 1,4, koolhydraten 7,3, eiwit 33,6

Lamsvlees met Spaanse peper

Bereidingstijd: 10 minuten
Bereidingstijd: 45 minuten
Porties: 4

Ingrediënten:
- 2 pond lamsstoofpot, in blokjes
- 1 eetlepel avocado-olie
- 1 theelepel chilipoeder
- 1 theelepel hete paprika
- 2 rode uien, grof gesneden
- 1 kopje natriumarme groentebouillon
- ½ kopje natriumarme tomatensaus
- 1 eetlepel gehakte koriander

Indicaties:
1. Verhit een pan met de olie op middelhoog vuur, voeg de ui en het vlees toe en fruit 10 minuten.
2. Voeg het chilipoeder en de overige ingrediënten behalve de koriander toe, roer, breng aan de kook en kook op middelhoog vuur nog 35 minuten.
3. Verdeel het mengsel over kommen en serveer met de koriander erover gestrooid.

Voeding: calorieën 463, vet 17,3, vezels 2,3, koolhydraten 8,4, eiwit 65,1

Varkensvlees Met Paprika Prei

Bereidingstijd: 10 minuten
Bereidingstijd: 45 minuten
Porties: 4

Ingrediënten:

- 2 pond gestoofd varkensvlees, in grove blokjes
- 2 prei, in plakjes
- 2 eetlepels olijfolie
- 2 teentjes knoflook, fijngehakt
- 1 theelepel zoete paprika
- 1 eetlepel gehakte peterselie
- 1 kopje natriumarme groentebouillon
- Zwarte peper naar smaak

Indicaties:

1. Verhit een pan met de olie op middelhoog vuur, voeg de prei, knoflook en paprika toe, roer en kook 10 minuten.
2. Voeg het vlees toe en bak het nog 5 minuten bruin.
3. Voeg de resterende ingrediënten toe, roer, kook op middelhoog vuur gedurende 30 minuten, verdeel in kommen en serveer.

Voeding: calorieën 577, vet 29,1, vezels 1,3, koolhydraten 8,2, eiwit 67,5

Varkensribbetjes en peultjes

Bereidingstijd: 10 minuten
Bereidingstijd: 25 minuten
Porties: 4

Ingrediënten:
- 4 karbonades
- 2 eetlepels olijfolie
- 2 sjalotten, fijngehakt
- 1 kopje peultjes
- 1 kopje natriumarme groentebouillon
- 2 eetlepels tomatenpuree zonder zout
- 1 eetlepel gehakte peterselie

Indicaties:
1. Verhit een pan met de olie op middelhoog vuur, voeg de sjalotten toe, roer en fruit 5 minuten.
2. Voeg de karbonades toe en bak ze 2 minuten aan elke kant bruin.
3. Voeg de rest van de ingrediënten toe, breng aan de kook en kook op middelhoog vuur gedurende 15 minuten.
4. Verdeel het mengsel over borden en serveer.

Voeding: calorieën 357, vet 27, vezels 1,9, koolhydraten 7,7, eiwit 20,7

Varkensvlees en Maïsmunt

Bereidingstijd: 10 minuten
Bereidingstijd: 1 uur
Porties: 4

Ingrediënten:
- 4 karbonades
- 1 kopje natriumarme groentebouillon
- 1 kopje maïs
- 1 eetlepel munt, gehakt
- 1 theelepel zoete paprika
- Zwarte peper naar smaak
- 1 eetlepel olijfolie

Indicaties:
1. Leg de karbonades in een braadpan, voeg de rest van de ingrediënten toe, mix, plaats in de oven en bak op 380 graden gedurende 1 uur.
2. Verdeel alles over borden en serveer.

Voeding: calorieën 356, vet 14, vezels 5,4, koolhydraten 11,0, eiwit 1

Lam Dille

Bereidingstijd: 10 minuten
Bereidingstijd: 25 minuten
Porties: 4

Ingrediënten:
- Sap van 2 limoenen
- 1 eetlepel limoenschil, geraspt
- 1 eetlepel dille, gehakt
- 2 teentjes knoflook, fijngehakt
- 2 eetlepels olijfolie
- 2 pond lamsvlees, in blokjes
- 1 kopje koriander, gehakt
- Zwarte peper naar smaak

Indicaties:
1. Verhit een koekenpan met de olie op middelhoog vuur, voeg de knoflook en het vlees toe en bak 4 minuten aan elke kant.
2. Voeg het limoensap en andere ingrediënten toe en kook nog eens 15 minuten, vaak roerend.
3. Verdeel alles over borden en serveer.

Voeding: calorieën 370, vet 11,7, vezels 4,2, koolhydraten 8,9, eiwit 20

Varkensribbetjes en pimentolijven

Bereidingstijd: 10 minuten
Bereidingstijd: 35 minuten
Porties: 4

Ingrediënten:
- 4 karbonades
- 2 eetlepels olijfolie
- 1 kopje kalamata-olijven, ontpit en gehalveerd
- 1 theelepel piment, gemalen
- ¼ kopje kokosmelk
- 1 gele ui, gesnipperd
- 1 eetlepel gehakte bieslook

Indicaties:
1. Verhit een pan met de olie op middelhoog vuur, voeg de ui en het vlees toe en bak 4 minuten aan elke kant.
2. Voeg de rest van de ingrediënten toe, meng voorzichtig, plaats in de oven en bak nog eens 25 minuten op 390 graden.
3. Verdeel alles over borden en serveer.

Voeding: calorieën 290, vet 10, vezels 4,4, koolhydraten 7,8, eiwit 22

Italiaanse Lamskoteletjes

Bereidingstijd: 10 minuten
Bereidingstijd: 30 minuten
Porties: 4

Ingrediënten:
- 4 lamskoteletjes
- 1 eetlepel oregano, fijngehakt
- 1 eetlepel olijfolie
- 1 gele ui, gesnipperd
- 2 eetlepels magere Parmezaanse kaas, geraspt
- 1/3 kopje natriumarme groentebouillon
- Zwarte peper naar smaak
- 1 theelepel Italiaanse kruiden

Indicaties:
1. Verhit een pan met de olie op middelhoog vuur, voeg de lamskoteletten en ui toe en bak 4 minuten aan elke kant.
2. Voeg de rest van de ingrediënten behalve de kaas toe en meng.
3. Strooi de kaas erover, doe de pan in de oven en bak 20 minuten op 350 graden.
4. Verdeel alles over borden en serveer.

Voeding: calorieën 280, vet 17, vezels 5,5, koolhydraten 11,2, eiwit 14

Varkensvlees Rijst En Oregano

Bereidingstijd: 10 minuten
Bereidingstijd: 35 minuten
Porties: 4

Ingrediënten:
- 1 eetlepel olijfolie
- 1 pond gestoofd varkensvlees, in blokjes
- 1 eetlepel oregano, fijngehakt
- 1 kopje witte rijst
- 2 kopjes natriumarme kippenbouillon
- Zwarte peper naar smaak
- 2 teentjes knoflook, fijngehakt
- Sap van ½ citroen
- 1 eetlepel gehakte koriander

Indicaties:
1. Verhit een pan met de olie op middelhoog vuur, voeg het vlees en de knoflook toe en fruit 5 minuten.
2. Voeg de rijst, bouillon en andere ingrediënten toe, breng aan de kook en kook op middelhoog vuur gedurende 30 minuten.
3. Verdeel alles over borden en serveer.

Voeding: calorieën 330, vet 13, vezels 5,2, koolhydraten 13,4, eiwit 22,2

Varkensvlees Gehaktballen

Bereidingstijd: 10 minuten
Bereidingstijd: 30 minuten
Porties: 4

Ingrediënten:
- 3 eetlepels amandelmeel
- 2 eetlepels avocado-olie
- 2 eieren, losgeklopt
- Zwarte peper naar smaak
- 2 lbs varkensvlees, gemalen
- 1 eetlepel gehakte koriander
- 10 ons ingeblikte tomatensaus, geen zout toegevoegd

Indicaties:
1. Combineer in een kom het varkensvlees met de bloem en de andere ingrediënten behalve de saus en de olie, meng goed en vorm middelgrote pasteitjes met dit mengsel.
2. Verhit een pan met de olie op middelhoog vuur, voeg de gehaktballetjes toe en bak ze 3 minuten aan elke kant. Voeg de saus toe, roer voorzichtig, breng aan de kook en laat nog 20 minuten op middelhoog vuur sudderen.
3. Verdeel over kommen en serveer.

Voeding: calorieën 332, vet 18, vezels 4, koolhydraten 14,3, eiwit 25

Varkensvlees en Andijvie

Bereidingstijd: 10 minuten
Bereidingstijd: 35 minuten
Porties: 4

Ingrediënten:
- 1 pond gestoofd varkensvlees, in blokjes
- 2 andijvie, geschild en fijngehakt
- 1 kopje natriumarme runderbouillon
- 1 theelepel chilipoeder
- Een snufje zwarte peper
- 1 rode ui, gesnipperd
- 1 eetlepel olijfolie

Indicaties:
1. Verhit een pan met de olie op middelhoog vuur, voeg de ui en andijvie toe, meng en bak 5 minuten.
2. Voeg het vlees toe, roer en kook nog 5 minuten.
3. Voeg de rest van de ingrediënten toe, breng aan de kook en kook op middelhoog vuur nog 25 minuten.
4. Verdeel alles over borden en serveer.

Voeding: calorieën 330, vet 12,6, vezels 4,2, koolhydraten 10, eiwit 22

Varkensvlees en bieslook Radijs

Bereidingstijd: 10 minuten
Bereidingstijd: 35 minuten
Porties: 4

Ingrediënten:
- 1 kop radijsjes, in blokjes
- 1 pond gestoofd varkensvlees, in blokjes
- 1 eetlepel olijfolie
- 1 rode ui, gesnipperd
- 1 kop ingeblikte tomaten, geen zout toegevoegd, gepureerd
- 1 eetlepel gehakte bieslook
- 2 teentjes knoflook, fijngehakt
- Zwarte peper naar smaak
- 1 theelepel balsamicoazijn

Indicaties:
1. Verhit een pan met de olie op middelhoog vuur, voeg de ui en knoflook toe, roer en bak 5 minuten.
2. Voeg het vlees toe en bak nog 5 minuten.
3. Voeg de radijzen en andere ingrediënten toe, breng aan de kook en kook op middelhoog vuur nog 25 minuten.
4. Verdeel over kommen en serveer.

Voeding: calorieën 274, vet 14, vezels 3,5, koolhydraten 14,8, eiwit 24,1

Mint Gehaktballetjes En Gesauteerde Spinazie

Bereidingstijd: 10 minuten
Bereidingstijd: 25 minuten
Porties: 4

Ingrediënten:
- 1 pond gestoofd varkensvlees, fijngehakt
- 1 gele ui, gesnipperd
- 1 ei, losgeklopt
- 1 eetlepel munt, gehakt
- Zwarte peper naar smaak
- 2 teentjes knoflook, fijngehakt
- 2 eetlepels olijfolie
- 1 kop kerstomaatjes, gehalveerd
- 1 kopje babyspinazie
- ½ kopje natriumarme groentebouillon

Indicaties:
1. Meng in een kom het vlees met de ui en de andere ingrediënten behalve de olie, de kerstomaten en de spinazie, meng goed en vorm middelgrote gehaktballen met dit mengsel.
2. Verhit een pan met de olijfolie op middelhoog vuur, voeg de gehaktballetjes toe en bak ze 5 minuten aan elke kant.
3. Voeg de spinazie, tomaten en bouillon toe, roer en laat 15 minuten sudderen.
4. Verdeel over kommen en serveer.

Voeding: calorieën 320, vet 13,4, vezels 6, koolhydraten 15,8, eiwit 12

Gehaktballetjes en Kokossaus

Bereidingstijd: 10 minuten
Bereidingstijd: 20 minuten
Porties: 4

Ingrediënten:
- 2 lbs varkensvlees, gemalen
- Zwarte peper naar smaak
- ¾ kopje amandelmeel
- 2 losgeklopte eieren
- 1 eetlepel gehakte peterselie
- 2 rode uien, gesnipperd
- 2 eetlepels olijfolie
- ½ kopje kokosroom
- Zwarte peper naar smaak

Indicaties:
1. Meng in een kom het varkensvlees met het amandelmeel en de andere ingrediënten behalve de uien, de olie en de room, meng goed en vorm middelgrote gehaktballen met dit mengsel.
2. Verhit een pan met de olie op middelhoog vuur, voeg de uien toe, roer en fruit 5 minuten.
3. Voeg de gehaktballetjes toe en bak nog 5 minuten.
4. Voeg de kokosroom toe, breng aan de kook, kook nog 10 minuten, verdeel in kommen en serveer.

Voeding: calorieën 435, vet 23, vezels 14, koolhydraten 33,2, eiwit 12,65

Kurkuma Varkensvlees En Linzen

Bereidingstijd: 10 minuten
Bereidingstijd: 25 minuten
Porties: 4

Ingrediënten:
- 1 pond gestoofd varkensvlees, in blokjes
- ½ kopje tomatensaus, geen zout toegevoegd
- 1 gele ui, gesnipperd
- 2 eetlepels olijfolie
- 1 kop ingeblikte linzen, geen zout toegevoegd, uitgelekt
- 1 theelepel kerriepoeder
- 1 theelepel kurkumapoeder
- Zwarte peper naar smaak

Indicaties:
1. Verhit een pan met de olie op middelhoog vuur, voeg de ui en het vlees toe en fruit 5 minuten.
2. Voeg de saus en andere ingrediënten toe, mix, kook op middelhoog vuur gedurende 20 minuten, verdeel in kommen en serveer.

Voeding: calorieën 367, vet 23, vezels 6,9, koolhydraten 22,1, eiwit 22

Gewokt lamsvlees

Bereidingstijd: 10 minuten
Bereidingstijd: 25 minuten
Porties: 4

Ingrediënten:
- 1 pond lamsvlees, gehakt
- 1 eetlepel avocado-olie
- 1 rode paprika, in reepjes gesneden
- 1 rode ui, in plakjes
- 2 in blokjes gesneden tomaten
- 1 wortel, in blokjes
- 2 venkel, in plakjes
- Zwarte peper naar smaak
- 2 eetlepels balsamicoazijn
- 1 eetlepel gehakte koriander

Indicaties:
1. Verhit een pan met de olie op middelhoog vuur, voeg de ui en het vlees toe en fruit 5 minuten.
2. Voeg de paprika en andere ingrediënten toe, roer, kook nog 20 minuten op middelhoog vuur, verdeel over kommen en serveer direct.

Voeding: calorieën 367, vet 14,3, vezels 4,3, koolhydraten 15,8, eiwit 16

Varkensvlees Met Bieten

Bereidingstijd: 10 minuten
Bereidingstijd: 30 minuten
Porties: 4

Ingrediënten:
- 1 pond varkensvlees, in blokjes
- 2 kleine bieten, geschild en in blokjes gesneden
- 2 eetlepels olijfolie
- 1 gele ui, gesnipperd
- 2 teentjes knoflook, fijngehakt
- Zout en zwarte peper naar smaak
- ½ kopje kokosroom.

Indicaties:
1. Verhit een pan met de olie op middelhoog vuur, voeg de ui en knoflook toe, roer en bak 5 minuten.
2. Voeg het vlees toe en bak nog 5 minuten.
3. Voeg de rest van de ingrediënten toe, breng aan de kook en kook op middelhoog vuur gedurende 20 minuten.
4. Verdeel het mengsel over borden en serveer.

Voeding: calorieën 311, vet 14,3, vezels 4,5, koolhydraten 15,2, eiwit 17

Lamsvlees en Kool

Bereidingstijd: 10 minuten
Bereidingstijd: 35 minuten
Porties: 4

Ingrediënten:
- 2 eetlepels avocado-olie
- 1 pond lamsstoofpot, in grove blokjes
- 1 kop groene kool, versnipperd
- 1 kop ingeblikte tomaten, geen zout toegevoegd, gehakt
- 1 gele ui, gesnipperd
- 1 theelepel tijm, gedroogd
- Zwarte peper naar smaak
- 2 teentjes knoflook, fijngehakt

1. **Indicaties:**
2. Verhit een pan met de olie op middelhoog vuur, voeg de ui en knoflook toe en fruit 5 minuten.
3. Voeg het vlees toe en bak nog 5 minuten.
4. Voeg de rest van de ingrediënten toe, roer, breng aan de kook en kook op middelhoog vuur nog 25 minuten.
5. Verdeel alles over borden en serveer.

Voeding: calorieën 325, vet 11, vezels 6.1, koolhydraten 11.7, eiwit 16

Lamsvlees Met Maïs En Okra

Bereidingstijd: 10 minuten
Bereidingstijd: 30 minuten
Porties: 4

Ingrediënten:
- 1 pond lamsstoofpot, in grove blokjes
- 1 gele ui, gesnipperd
- 2 teentjes knoflook, fijngehakt
- 2 eetlepels avocado-olie
- 1 kopje okra, fijngehakt
- 1 kopje maïs
- 1 kopje natriumarme groentebouillon
- 1 eetlepel gehakte peterselie

Indicaties:
1. Verhit een pan met de olie op middelhoog vuur, voeg de ui en knoflook toe, roer en bak 5 minuten.
2. Voeg het vlees toe, roer en kook nog 5 minuten.
3. Voeg de rest van de ingrediënten toe, roer, breng aan de kook en kook op middelhoog vuur gedurende 20 minuten.
4. Verdeel over kommen en serveer.

Voeding: calorieën 314, vet 12, vezels 4,4, koolhydraten 13,3, eiwit 17

Dragon Varkens Mosterd

Bereidingstijd: 10 minuten
Bereidingstijd: 8 uur
Porties: 4

Ingrediënten:

- 2 pond gebraden varkensvlees, in plakjes
- 2 eetlepels olijfolie
- Zwarte peper naar smaak
- 1 eetlepel gehakte dragon
- 2 sjalotten, fijngehakt
- 1 kopje natriumarme groentebouillon
- 1 eetlepel tijm, fijngehakt
- 1 eetlepel mosterd

Indicaties:

1. Doe het gebraad in een slowcooker met de zwarte peper en de overige ingrediënten, doe het deksel erop en kook 8 uur op Low.
2. Verdeel het varkensgebraad over de borden, besprenkel met de mosterdsaus en serveer.

Voeding: calorieën 305, vet 14,5, vezels 5,4, koolhydraten 15,7, eiwit 18

Varkensvlees Met Spruiten En Kappertjes

Bereidingstijd: 10 minuten
Bereidingstijd: 35 minuten
Porties: 4

Ingrediënten:
- 2 eetlepels olijfolie
- 1 kopje natriumarme groentebouillon
- 2 eetlepels kappertjes, uitgelekt
- 1 pond varkenskarbonades
- 1 kopje taugé
- 1 gele ui, in partjes gesneden
- Zwarte peper naar smaak

Indicaties:
1. Verhit een pan met de olie op middelhoog vuur, voeg de ui en het vlees toe en fruit 5 minuten.
2. Voeg de rest van de ingrediënten toe, plaats de pan in de oven en bak 30 minuten op 390 graden.
3. Verdeel alles over borden en serveer.

Voeding: calorieën 324, vet 12,5, vezels 6,5, koolhydraten 22,2, eiwit 15,6

Varkensvlees Met Spruitjes

Bereidingstijd: 10 minuten
Bereidingstijd: 35 minuten
Porties: 4

Ingrediënten:
- 2 pond gestoofd varkensvlees, in blokjes
- ¼ kopje natriumarme tomatensaus
- Zwarte peper naar smaak
- 1/2 lb Spruitjes, gehalveerd
- 1 eetlepel olijfolie
- 2 lente-uitjes, gesnipperd
- 1 eetlepel gehakte koriander

Indicaties:
1. Verhit een pan met de olie op middelhoog vuur, voeg de uien en spruitjes toe en fruit 5 minuten.
2. Voeg het vlees en andere ingrediënten toe, breng aan de kook en kook op middelhoog vuur nog 30 minuten.
3. Verdeel alles over borden en serveer.

Voeding: calorieën 541, vet 25,6, vezels 2,6, koolhydraten 6,5, eiwit 68,7

Mix van varkensvlees en pittige sperziebonen

Bereidingstijd: 10 minuten
Bereidingstijd: 20 minuten
Porties: 4

Ingrediënten:
- 1 gele ui, gesnipperd
- 2 pond varkensvlees, in reepjes gesneden
- 1/2 lb sperziebonen, geschild en gehalveerd
- 1 rode paprika, gehakt
- Zwarte peper naar smaak
- 1 eetlepel olijfolie
- ¼ kopje rode pepervlokken, fijngehakt
- 1 kopje natriumarme groentebouillon

Indicaties:
1. Verhit een pan met de olie op middelhoog vuur, voeg de ui toe en fruit 5 minuten.
2. Voeg het vlees toe en bak nog 5 minuten.
3. Voeg de rest van de ingrediënten toe, roer, kook gedurende 10 minuten op middelhoog vuur, verdeel over de borden en serveer.

Voeding: calorieën 347, vet 24,8, vezels 3,3, koolhydraten 18,1, eiwit 15,2

Lamsvlees Met Quinoa

Bereidingstijd: 10 minuten
Bereidingstijd: 30 minuten
Porties: 4

Ingrediënten:
- 1 kopje quinoa
- 2 kopjes natriumarme kippenbouillon
- 1 eetlepel olijfolie
- 1 kopje kokosroom
- 2 pond lamsstoofpot, in blokjes
- 2 sjalotten, fijngehakt
- 2 teentjes knoflook, fijngehakt
- Zwarte peper naar smaak
- Een snufje rode pepervlokken, geplet

Indicaties:
1. Verhit een pan met de olie op middelhoog vuur, voeg de sjalotten en knoflook toe, roer en fruit 5 minuten.
2. Voeg het vlees toe en bak nog 5 minuten.
3. Voeg de rest van de ingrediënten toe, roer, breng aan de kook, zet het vuur laag en kook gedurende 20 minuten.
4. Verdeel de kommen en serveer.

Voeding: calorieën 755, vet 37, vezels 4,4, koolhydraten 32, eiwit 71,8

Lamsbrood en paksoi

Bereidingstijd: 10 minuten
Bereidingstijd: 30 minuten
Porties: 4

Ingrediënten:
- 1 kop natriumarme kippenbouillon
- 1 kop paksoi, gehakt
- 1 pond lamsstoofpot, in grove blokjes
- 2 eetlepels avocado-olie
- 1 gele ui, gesnipperd
- 1 wortel, gehakt
- Zwarte peper naar smaak

Indicaties:
1. Verhit een pan met de olie op middelhoog vuur, voeg de ui en wortel toe en fruit 5 minuten.
2. Voeg het vlees toe en bak nog 5 minuten.
3. Voeg de rest van de ingrediënten toe, breng aan de kook en kook op middelhoog vuur gedurende 20 minuten.
4. Verdeel alles over borden en serveer.

Voeding: Calorieën 360, vet 14,5, vezels 5, koolhydraten 22,4, eiwit 16

Varkensvlees Met Okra En Olijven

Bereidingstijd: 10 minuten
Bereidingstijd: 35 minuten
Porties: 4

Ingrediënten:
- ½ kopje natriumarme groentebouillon
- 1 kopje okra, bijgesneden
- 1 kopje zwarte olijven, ontpit en gehalveerd
- 2 eetlepels olijfolie
- 4 karbonades
- 1 rode ui, in partjes gesneden
- Zwarte peper naar smaak
- ½ eetlepel rode paprika in vlokken
- 3 eetlepels kokosamino's

Indicaties:
1. Vet een pan in met olie en leg de karbonades erin.
2. Voeg de rest van de ingrediënten toe, meng voorzichtig en bak 35 minuten op 390 graden F.
3. Verdeel alles over borden en serveer.

Voeding: calorieën 310, vet 14,6, vezels 6, koolhydraten 20,4, eiwit 16

Varkensvlees Gerst En Kappertjes

Bereidingstijd: 10 minuten
Bereidingstijd: 35 minuten
Porties: 4

Ingrediënten:
- 1 kopje gerst
- 2 kopjes natriumarme kippenbouillon
- 1 pond gestoofd varkensvlees, in blokjes
- 1 rode ui, in plakjes
- 1 eetlepel olijfolie
- Zwarte peper naar smaak
- 1 theelepel fenegriekpoeder
- 1 eetlepel gehakte bieslook
- 1 eetlepel kappertjes, uitgelekt

Indicaties:
1. Verhit een pan met de olie op middelhoog vuur, voeg de ui en het vlees toe en fruit 5 minuten.
2. Voeg de gerst en de andere ingrediënten toe, meng, breng aan de kook en kook op middelhoog vuur gedurende 30 minuten.
3. Verdeel over kommen en serveer.

Voeding: calorieën 447, vet 15,6, vezels 8,6, koolhydraten 36,5, eiwit 39,8

Gemengd Varkensvlees En Groene Uien

Bereidingstijd: 10 minuten
Bereidingstijd: 40 minuten
Porties: 5

Ingrediënten:
- 1 pond varkensvlees, in blokjes
- 1 eetlepel avocado-olie
- 1 gele ui, gesnipperd
- 1 bosje groene ui, gehakt
- 4 teentjes knoflook, fijngehakt
- 1 kopje natriumarme tomatensaus
- Zwarte peper naar smaak

Indicaties:
1. Verhit een koekenpan met de olie op middelhoog vuur, voeg de ui en groene uien toe, roer en bak 5 minuten.
2. Voeg het vlees toe, roer en kook nog 5 minuten.
3. Voeg de rest van de ingrediënten toe, meng en kook nog 30 minuten op middelhoog vuur.
4. Verdeel over kommen en serveer.

Voeding: calorieën 206, vet 8,6, vezels 1,8, koolhydraten 7,2, eiwit 23,4

Varkensvlees Nootmuskaat en zwarte bonen

Bereidingstijd: 5 minuten
Bereidingstijd: 40 minuten
Porties: 8

Ingrediënten:
- 2 eetlepels olijfolie
- 1 kop ingeblikte zwarte bonen, geen zout toegevoegd, uitgelekt
- 1 gele ui, gesnipperd
- 1 kop ingeblikte tomaten, geen zout toegevoegd, gehakt
- 2 pond gestoofd varkensvlees, in blokjes
- 2 teentjes knoflook, fijngehakt
- Zwarte peper naar smaak
- ½ theelepel nootmuskaat, gemalen

Indicaties:
1. Verhit een pan met de olie op middelhoog vuur, voeg de ui en knoflook toe en fruit 5 minuten.
2. Voeg het vlees toe, roer en kook nog 5 minuten.
3. Voeg de rest van de ingrediënten toe, roer, breng aan de kook en kook op middelhoog vuur gedurende 30 minuten.
4. Verdeel het mengsel in kommen en serveer.

Voeding: calorieën 365, vet 14,9, vezels 4,3, koolhydraten 17,6, eiwit 38,8

Zalm En Perzik Salade

Bereidingstijd: 10 minuten
Bereidingstijd: 0 minuten
Porties: 4

Ingrediënten:

- 2 gerookte zalmfilets, ontbeend, zonder vel en in blokjes
- 2 perziken, ontpit en in blokjes
- 1 theelepel olijfolie
- Een snufje zwarte peper
- 2 kopjes babyspinazie
- ½ eetlepel balsamicoazijn
- 1 eetlepel citroensap
- 1 eetlepel gehakte koriander

Indicaties:

1. Combineer de zalm met de perziken en andere ingrediënten in een slakom, meng en serveer koud.

Voeding: calorieën 133, vet 7,1, vezels 1,5, koolhydraten 8,2, eiwit 1,7

Zalmkappertjes en dille

Bereidingstijd: 10 minuten
Bereidingstijd: 15 minuten
Porties: 4

Ingrediënten:
- 2 eetlepels olijfolie
- 4 zalmfilets zonder bot
- 1 eetlepel kappertjes, uitgelekt
- 1 eetlepel dille, gehakt
- 1 sjalot, fijngehakt
- ½ kopje kokosroom
- Een snufje zwarte peper

Indicaties:
1. Verhit een pan met de olie op middelhoog vuur, voeg de sjalotten en kappertjes toe, roer en fruit 4 minuten.
2. Voeg de zalm toe en bak 3 minuten per kant.
3. Voeg de rest van de ingrediënten toe, kook alles nog 5 minuten, verdeel over de borden en serveer.

Voeding: calorieën 369, vet 25,2, vezels 0,9, koolhydraten 2,7, eiwit 35,5

Zalm En Komkommer Salade

Bereidingstijd: 10 minuten
Bereidingstijd: 0 minuten
Porties: 4

Ingrediënten:
- 2 eetlepels olijfolie
- ½ theelepel citroensap
- ½ theelepel geraspte citroenschil
- Een snufje zwarte peper
- 1 kopje zwarte olijven, ontpit en gehalveerd
- 1 kop komkommer, in blokjes
- 1/2 lb gerookte zalm, uitgebeend en in blokjes
- 1 eetlepel gehakte bieslook

Indicaties:
1. Combineer de zalm in een slakom met de olijven en andere ingrediënten, meng en serveer.

Voeding: calorieën 170, vet 13,1, vezels 1,3, koolhydraten 3,2, eiwit 10,9

Tonijn en sjalot

Bereidingstijd: 10 minuten
Bereidingstijd: 15 minuten
Porties: 4

Ingrediënten:
- 4 tonijnfilets zonder vel, zonder bot
- 1 eetlepel olijfolie
- 2 sjalotten, fijngehakt
- 2 eetlepels limoensap
- Een snufje zwarte peper
- 1 theelepel zoete paprika
- ½ kopje natriumarme kippenbouillon

Indicaties:
1. Verhit een pan met de olie op middelhoog vuur, voeg de sjalotten toe en fruit 3 minuten.
2. Voeg de vis toe en bak 4 minuten per kant.
3. Voeg de rest van de ingrediënten toe, kook alles nog 3 minuten, verdeel over de borden en serveer.

Voeding: calorieën 404, vet 34,6, vezels 0,3, koolhydraten 3, eiwit 21,4

Kabeljauwmix met munt

Bereidingstijd: 10 minuten
Bereidingstijd: 17 minuten
Porties: 4

Ingrediënten:
- 2 eetlepels olijfolie
- 1 eetlepel citroensap
- 1 eetlepel munt, gehakt
- 4 kabeljauwfilets, uitgebeend
- 1 theelepel geraspte citroenschil
- Een snufje zwarte peper
- ¼ kopje sjalotten, fijngehakt
- ½ kopje natriumarme kippenbouillon

Indicaties:
1. Verhit een pan met de olie op middelhoog vuur, voeg de sjalotten toe, roer en fruit 5 minuten.
2. Voeg de kabeljauw, het citroensap en andere ingrediënten toe, breng aan de kook en kook op middelhoog vuur gedurende 12 minuten.
3. Verdeel alles over borden en serveer.

Voeding: calorieën 160, vet 8,1, vezels 0,2, koolhydraten 2, eiwit 20,5

Kabeljauw en Tomaten

Bereidingstijd: 10 minuten
Bereidingstijd: 16 minuten
Porties: 4

Ingrediënten:
- 2 eetlepels olijfolie
- 2 teentjes knoflook, fijngehakt
- ½ kopje natriumarme groentebouillon
- 4 kabeljauwfilets, uitgebeend
- 1 kop kerstomaatjes, gehalveerd
- 2 eetlepels limoensap
- Een snufje zwarte peper
- 1 eetlepel gehakte bieslook

Indicaties:
1. Verhit een pan met de olie op middelhoog vuur, voeg de knoflook en vis toe en bak 3 minuten per kant.
2. Voeg de rest van de ingrediënten toe, breng aan de kook en kook nog 10 minuten op middelhoog vuur.
3. Verdeel alles over borden en serveer.

Voeding: calorieën 169, vet 8,1, vezels 0,8, koolhydraten 4,7, eiwit 20,7

Tonijn Met Paprika

Bereidingstijd: 4 minuten
Bereidingstijd: 10 minuten
Porties: 4

Ingrediënten:
- 2 eetlepels olijfolie
- 4 tonijnsteaks zonder been
- 2 theelepels zoete paprika
- ½ theelepel chilipoeder
- Een snufje zwarte peper

Indicaties:
1. Verhit een koekenpan met de olie op middelhoog vuur, voeg de tonijnsteaks toe, breng op smaak met paprika, zwarte peper en chilipoeder, bak 5 minuten per kant, verdeel over de borden en serveer met een salade erbij.

Voeding: calorieën 455, vet 20,6, vezels 0,5, koolhydraten 0,8, eiwit 63,8

Oranje code

Bereidingstijd: 5 minuten
Bereidingstijd: 12 minuten
Porties: 4

Ingrediënten:
- 1 eetlepel gehakte peterselie
- 4 kabeljauwfilets, uitgebeend
- 1 kopje sinaasappelsap
- 2 lente-uitjes, gesnipperd
- 1 theelepel geraspte sinaasappelschil
- 1 eetlepel olijfolie
- 1 theelepel balsamicoazijn
- Een snufje zwarte peper

Indicaties:
1. Verhit een pan met de olie op middelhoog vuur, voeg de lente-uitjes toe en fruit 2 minuten.
2. Voeg de vis en andere ingrediënten toe, kook 5 minuten aan elke kant, verdeel over de borden en serveer.

Voeding: calorieën 152, vet 4,7, vezels 0,4, koolhydraten 7,2, eiwit 20,6

Basilicum Zalm

Bereidingstijd: 5 minuten
Bereidingstijd: 14 minuten
Porties: 4

Ingrediënten:
- 2 eetlepels olijfolie
- 4 zalmfilets, zonder vel
- 2 teentjes knoflook, fijngehakt
- Een snufje zwarte peper
- 2 eetlepels balsamicoazijn
- 2 eetlepels gehakte basilicum

Indicaties:
1. Verhit een pan met de olijfolie, voeg de vis toe en bak 4 minuten aan elke kant.
2. Voeg de rest van de ingrediënten toe, kook alles nog 6 minuten.
3. Verdeel alles over borden en serveer.

Voeding: calorieën 300, vet 18, vezels 0,1, koolhydraten 0,6, eiwit 34,7

Kabeljauw en witte saus

Bereidingstijd: 10 minuten
Bereidingstijd: 15 minuten
Porties: 4

Ingrediënten:
- 2 eetlepels olijfolie
- 4 kabeljauwfilets, ontbeend en zonder vel
- 1 sjalot, fijngehakt
- ½ kopje kokosroom
- 3 eetlepels magere yoghurt
- 2 eetlepels dille, gehakt
- Een snufje zwarte peper
- 1 fijngehakt teentje knoflook

Indicaties:
1. Verhit een pan met de olie op middelhoog vuur, voeg de sjalotjes toe en fruit ze 5 minuten.
2. Voeg de vis en andere ingrediënten toe en kook nog 10 minuten.
3. Verdeel alles over borden en serveer.

Voeding: calorieën 252, vet 15,2, vezels 0,9, koolhydraten 7,7, eiwit 22,3

Mix van heilbot en radijs

Bereidingstijd: 10 minuten
Bereidingstijd: 15 minuten
Porties: 4

Ingrediënten:
- 2 sjalotten, fijngehakt
- 4 heilbotfilets zonder been
- 1 kop radijsjes, gehalveerd
- 1 kop tomaten, in blokjes
- 1 eetlepel olijfolie
- 1 eetlepel gehakte koriander
- 2 theelepels citroensap
- Een snufje zwarte peper

Indicaties:
1. Vet een pan in met olie en leg de vis erin.
2. Voeg de rest van de ingrediënten toe, plaats in de oven en bak gedurende 15 minuten op 400 graden.
3. Verdeel alles over borden en serveer.

Voeding: calorieën 231, vet 7,8, vezels 6, koolhydraten 11,9, eiwit 21,1

Amandelen Zalm Mix

Bereidingstijd: 10 minuten
Bereidingstijd: 15 minuten
Porties: 4

Ingrediënten:
- 2 eetlepels olijfolie
- ½ kopje gemalen amandelen
- 4 zalmfilets zonder bot
- 1 sjalot, fijngehakt
- ½ kopje natriumarme groentebouillon
- 2 eetlepels gehakte peterselie
- Zwarte peper naar smaak

Indicaties:
1. Verhit een pan met de olie op middelhoog vuur, voeg de sjalotten toe en fruit ze 4 minuten.
2. Voeg de zalm en andere ingrediënten toe, kook 5 minuten per kant, verdeel over de borden en serveer.

Voeding: calorieën 240, vet 6,4, vezels 2,6, koolhydraten 11,4, eiwit 15

www.ingramcontent.com/pod-product-compliance
Lightning Source LLC
Chambersburg PA
CBHW050350120526
44590CB00015B/1636